HARRY STYLES

LEBEN UND MUSIK

HEEL Verlag GmbH
Gut Pottscheidt
53639 Königswinter
Tel.: 02223 9230-0
Fax: 02223 9230-13
E-Mail: info@heel-verlag.de
www.heel-verlag.de

Deutsche Ausgabe:
© 2023 HEEL Verlag GmbH
2. Auflage 2024

Originalausgabe:
© First published under the title The Life & Music of Harry Styles
– Unoffical & Unauthorizd by Mortimer –
An imprint of Welbeck Non-Fiction Limited, part of Welbeck
Publishing Group. Based in London and Sydney.

© 2018, 2022 Welbeck Publishing Group Limited

Autor: Malcom Croft
Layout, Satz und Gestaltung: Mortimer Books

Deutsche Ausgabe:
Übersetzung aus dem Englischen: Melanie Köpp
Lektorat: Julia Smith, Köln
Covergestaltung: Christine Mertens, HEEL Verlag
Satz: Sabine Vonderstein, Köln
Projektleitung: Carolin Wischerath, HEEL Verlag

Printed in Croatia

ISBN 978-3-96664-716-8

Folgt dem HEEL Verlag gerne auch unter

www.instagram.com/heelverlag

www.facebook.com/heelverlag

www.youtube.com/heelverlag

@heelverlag

MALCOLM CROFT

HARRY STYLES

LEBEN UND MUSIK

BIOGRAFIE

HEEL

Inhalt

Intro
HARRY'S WELT

HARRY STYLES IST EIN WELTSTAR: VON *THE X FACTOR* BIS ZUR BAND *ONE DIRECTION*, VON HOLMES CHAPEL BIS HOLLYWOOD (MIT DEN FILMEN *DUNKIRK* UND *DON'T WORRY DARLING*). DIESER VIELSEITIGE UND TALENTIERTE SÄNGER, SONGWRITER UND SCHAUSPIELER IST AUF DEM BESTEN WEG, DAS UNIVERSALGENIE UND DIE MODE-IKONE DES 21. JAHRHUNDERTS ZU WERDEN, UND ALL DAS VOR SEINEM 30. GEBURTSTAG! ER HAT BEREITS DREI GROSSARTIGE ALBEN VERÖFFENTLICHT UND AUF SEINER TOURNEE DURCH AUSVERKAUFTE STADIEN LIEGT IHM DIE WELT ZU FÜSSEN.

Vielleicht hat seit Elvis Presley kein Mann mehr eine solche Wirkung erzielt, vielleicht hat seit den Beatles kein Musiker mit seiner Band mehr die Welt wirklich verändert, natürlich wird es in den kommenden Jahren andere Superstars geben, die Harry Styles den Thron streitig machen werden: Aber hier und jetzt ist Harry Styles' Moment im Rampenlicht! Nicht dieser kurzlebige 15-Minuten-Ruhm, den ihm viele im Jahr 2010 vorausgesagt haben; Harry ist zum wahren Prinzen der Rock- und Popmusik aufgestiegen – und das wird er auch bleiben. Während viele seiner Pop-Kollegen auf der Strecke geblieben sind, weil sie ihrem Erfolg nicht gewachsen waren, weil sie auf die schiefe Bahn geraten sind oder sich in reißerischen Kontroversen verstrickt haben, ist Harry seinen eigenen Weg gegangen, getragen von seiner Vernunft und einem soliden Netzwerk aus Familie, Freunden und Musikern, die ihn dabei unterstützen, weltweit mit seinen großartigen, ehrlichen und kompromisslosen Songs erfolgreich zu sein. Harry hat all dies erreicht, ohne seine Seele an den Meistbietenden zu verkaufen: Er ist aufrichtig geblieben im Angesicht von Niederlagen; er ist liebenswürdig geblieben im Angesicht von Verrat; er ist dynamisch geblieben im Angesicht von schwerer Erschöpfung – und er ist er selbst geblieben, als so viel Ruhm und Reichtum ihn hätten dazu verleiten können, seinen Charakter zu verändern.

Bis heute ist der wahre Harry Styles ein großes Geheimnis, und seine Fans lieben es anscheinend, nach Insider-Informationen über den ersten weltweiten Megastar dieses Jahrhunderts zu suchen. Niemand wird jedoch jemals den *wahren* Harry Styles kennenlernen, denn er sagt selbst: „Dieses Geheimnis ... das ist genau das, was ich mag."

Links: Harry präsentiert seine Kurzhaarfrisur bei der Weltpremiere von *Dunkirk* am 13. Juli 2017 in London.

KAPITEL EINS

DER JUNGE, DER KÖNIG WERDEN SOLLTE

DER JUNGE, DER KÖNIG WERDEN SOLLTE

ES SCHEINT, ALS WÄRE ES ERST GESTERN GEWESEN, DASS HARRY STYLES FÜR DIE SIEBTE STAFFEL DES WELTWEITEN FERNSEHPHÄNOMENS *THE X FACTOR* DIE BÜHNE BETRAT, ABER DAS WAR DAMALS IM JAHR 2010. NICHT NUR VON SEINEN EHEMALIGEN *ONE DIRECTION*-BANDKOLLEGEN WURDE ER ALS „DER GEBORENE ROCKSTAR" BEZEICHNET, INZWISCHEN IST ER AUCH TATSÄCHLICH ZU EINEM WELTSTAR GEWORDEN. HIER BEGINNT SEINE STORY …

Harry Edward Styles wurde an einem Dienstagnachmittag im englischen Worcestershire geboren. Er war noch ein Baby, als seine Familie in ein schönes Dorf in Cheshire zog. „Es ist ziemlich langweilig, da passiert eigentlich nie viel. Aber es ist auch recht malerisch", behauptete Harry bei seinem Casting für *The X Factor* mit einem verschmitzten Lächeln. Natürlich ist das Dorf heute dafür bekannt, alles andere als langweilig zu sein, denn es ist schließlich die Heimat von Harry Styles!

Seine große Schwester Gemma vergötterte ihn vom ersten Tag an. Das Gefühl beruhte auf Gegenseitigkeit, und Harry behauptete später, sie sei die „Clevere" von den beiden. 2017 schrieb die freiberufliche Autorin Gemma, die im Wesentlichen über Technologie und Millennial-Trends schreibt, einen Artikel für das Magazin *Another Man*. In dem Artikel erinnerte sie sich an einen Familienurlaub auf Zypern mit dem damals siebenjährigen Harry: „Am Pool hielt er Hof mit Leuten, die dreimal so alt waren wie er. Als er mit einem Shuttlebus zurück zum Flughafen fuhr (…) versammelte sich eine Menge junger, erwachsener Frauen auf dem Bürgersteig, die ihm durch das Fenster zuwinkten und sich lautstark von ihm verabschiedeten." Es scheint, als wäre Harry schon in jungen Jahren dazu bestimmt gewesen, ein Star zu werden. „Schon als ich klein war, wusste ich, dass ich die Leute unterhalten wollte. Ich war ein richtiger Showman", gab Harry selbst zu und fügte hinzu: „Ich hörte immer die

Links: Harry am 9. Dezember 2010 auf einer Pressekonferenz im The Connaught Hotel vor dem Finale von *The X Factor*.

Oben: Harry und seine Schwester Gemma Styles nehmen am 6. Oktober 2016 an der Präsentation von *Another Man* in London teil, die von Harry moderiert wird.

„Außer Holmes Chapel hat sich so ziemlich alles in meinem Leben verändert; nur wenn ich hierher komme, ist alles beim Alten geblieben."

Musik meiner Schwester und tat so, als hätte ich eine Gitarre, und spielte vor dem Spiegel in meinem Zimmer."

Harrys Vater war ein großer Fan von klassischer Rockmusik. Die *Rolling Stones, Pink Floyd, Fleetwood Mac* und *Queen* waren die Basis für die musikalische Ausbildung, die der junge Harry wie ein Schwamm in sich aufsog. Sein erstes Soloalbum *Harry Styles* zeigt, wie sehr sein Geist und seine Seele von der Rockmusik eingenommen sind. Harry erinnert sich sogar daran, dass er zu *The Dark Side of the Moon*, dem bahnbrechenden Album der Progressive Rocker Pink Floyd, herumhüpfte, bevor er überhaupt laufen gelernt hatte. „Ich konnte es nicht wirklich verstehen", erinnert sich Harry, „aber ich weiß noch, dass ich dachte: *Das ist wirklich verdammt cool.* Dann hat meine Mutter immer Shania Twain, Savage Garden und Norah Jones aufgelegt. Ich hatte eine großartige Kindheit, das muss ich zugeben."

Wenn Harry den rockigen Stil von seinem Vater geerbt hat, dann hat ihm seine Mutter das Gespür für Pop-Melodien vermittelt, vor allem nach der Trennung seiner Eltern. Darüber hat er sich wie folgt geäußert: „Das war eine ziemlich seltsame Zeit; ich erinnere mich, dass ich deswegen geweint habe. Ich verstand nicht genau, was da passierte; ich war einfach traurig, dass meine Eltern nicht mehr zusammen sein würden. Ich hatte das Glück, dass ich meine

Loyalität nie teilen musste, als die beiden sich trennten. Das Gefühl, von ihnen geliebt und unterstützt zu werden, hat sich in jener Zeit nie verändert. Ehrlich gesagt, wenn man so jung ist, kann man das irgendwie verdrängen ... Ich kann nicht behaupten, dass ich mich genau daran erinnere. Das ist mir erst jetzt bewusst geworden. Ja, ich meine, ich war sieben. So was kann halt passieren. Das Gefühl, von meinen Eltern unterstützt und geliebt zu werden, hat sich dadurch aber nie verändert."

Harry war zwar traurig über die Scheidung seiner Eltern, aber die positive Atmosphäre in seinem Elternhaus half ihm über alle Hürden hinweg. Der Beweis dafür und für den Einfluss seiner Mutter Anne, kommt von Harry selbst, der gesagt hat: „Meine Mutter ist sehr stark. Sie hat das größte Herz. Zu ihrem Haus in Cheshire fahre ich, wenn ich etwas Zeit für mich haben möchte."

Links: Harrys Elternhaus in Holmes Chapel, Cheshire, wie es 2014 in der Sendung *This Is Us* gezeigt wird.

Oben, links: Harry mit seiner Mutter Anne Cox am 20. Februar 2013 auf der Party von Sony Music nach den Brit Awards im Arts Club in London.

Oben, rechts: Harry kehrt 2014 während der Dreharbeiten zu *This Is Us* nach Hause in den Chestnut Drive in Holmes Chapel zurück.

Seine Mutter Anne und Harrys Verbundenheit mit seiner Familie hielten ihn in den ersten Jahren des Ruhms und des damit verbundenen Wahnsinns bei Verstand. Harry sagte über sie: „Sie hat mir nie das Gefühl gegeben, dass ich mich beweisen müsste. Viele Leute wachsen auf, ohne wirklich über die gegenseitigen Gefühle zu reden, aber unser Haus ist immer voller Liebe gewesen." Harrys Liebe zu seiner Mutter und Schwester betont auch sein enger Freund, der TV-Produzent Ben Winston, der den jungen Star in den ersten zwei Jahren von *One Direction* in der Dachgeschoss-Wohnung seines Hauses in London unterbrachte, wo er ihm ein familiäres Zuhause fernab vom Lärm des Ruhms bot. Als Ben Winston 2017 in einem Interview gefragt wurde, was für Harry das Wichtigste sei, antwortete er: „Die Familie. Das hat er von seiner Mutter Anne. Sie hat ihn und seine Schwester unglaublich gut erzogen. Harry hat die Langeweile immer der Aufregung vorgezogen ... Die Wahrscheinlichkeit, dass ich nächste Woche zum Mars fliege, ist größer als die, dass Harry nach irgendetwas süchtig wird."

Trotz der extravaganten Mode und der vielen Blödeleien sehnt sich Harry danach, normal zu sein. In Morgan Spurlocks Dokumentarfilm *One Direction: This Is Us* aus dem Jahr 2013, mit den inzwischen berühmten Szenen aus den Elternhäusern der Jungs, beansprucht jedes Bandmitglied die Eigenschaft, „normal" zu sein, für sich. Für Harry bedeutete Normalität, wieder zu seiner Mutter zu fahren, „... wo auf dem Tisch immer Tee steht. Wenn man eine Weile weg war, weiß man das umso mehr zu schätzen. Das Beste an meiner Freizeit ist immer, dass ich zu meinen Eltern fahren kann. Zuerst schlafe ich immer mindestens drei Stunden auf dem Sofa, ich brauche keinen Wecker. Es ist einfach schön, nach Hause zu fahren und die wirklich normalen Dinge zu tun, die man vorher nicht so zu schätzen wusste, wie z. B. mit der Familie zusammen zu essen. Du benimmst dich deinen Eltern gegenüber und hilfst im Haushalt."

Doch gerade weil sie „normal" erscheinen wollten, sind *One Direction* noch berühmter geworden, weshalb ihr Leben ironischerweise „unnormaler" wurde. Harry meinte 2012: „Ich weiß nicht, warum die Mädchen uns so sehr lieben. Ich glaube, es liegt daran, dass wir nicht vorgeben, etwas zu sein, was wir nicht sind. Ja, wir können manchmal Idioten sein, wir sind wie die Jungs in der letzten Reihe der Klasse, die mit Papier werfen und Krach machen. Ich glaube, die Mädchen fühlen

Links: Harry 2014 zusammen mit seinen Fans vor seinem Elternhaus in Holmes Chapel.

sich mit uns auf diese Klassenzimmer-Art verbunden, weil wir eben ganz normale Jungs sind." Niall stimmte zu: „Genau das sind wir auch – wir sind ganz normal. Wir machen nichts Besonderes – das meine ich, wenn ich sage, dass wir auch normal sind – unser Job ist nur zufällig ungewöhnlich." Als Harry 2012 mit Taylor Swift händchenhaltend im New Yorker Central Park fotografiert wurde, wünschte er sich, dass es keine Paparazzi, keine Schaulustigen, keine Kameras gäbe – einfach nicht so ein Spektakel. Die Menschen zerstörten die Normalität, nach der er sich so verzweifelt sehnte, und das auch noch bei einem Date mit einem Mädchen, für das er schwärmte. Noch heute wird er nach diesem Spaziergang im Park mit einer der berühmtesten Songwriterinnen der Welt gefragt und dann denkt er immer wieder an genau diese Situation.

Als Harrys Karriere Anfang 2011 begann und er plötzlich das Leben eines Superstars führte, tat er etwas, was viele seiner Altersgenossen niemals getan hätten. Anstatt ein millionenschweres Haus zu kaufen, beschloss Harry, auf dem Dachboden eines Freundes auf einer Gästematratze zu schlafen – und das 20 Monate lang! Aus heuti-

ger Sicht könnte diese Zeit, in der er ein „normales" Leben führte, das bis 2017 geheim gehalten wurde, Harry davor bewahrt haben, vom Weg abzukommen. In einem Interview von 2017 sagte Ben Winston: „In diesen 20 Monaten entwickelten sie sich von Teilnehmern der Reality-Show *X Factor* zu den erfolgreichsten Künstlern der Welt und in dieser Zeit lebte Harry bei uns in einer ganz banalen Wohnsituation am Stadtrand. Niemand hat das je herausgefunden, wirklich! Selbst wenn wir essen gingen – es ist eine so nette, familiäre Nachbarschaft – kam niemand auf die Idee, dass das er war. Aber er hat unser Haus zu einem Zuhause gemacht und als er auszog, waren wir am Boden zerstört."

Die Zeit im Haus der Familie Winston im Norden Londons war natürlich auch voller lustiger Anekdoten – schließlich war Harry immer noch ein Weltstar, der sich einige Exzesse erlauben konnte! Ben Winston erinnerte sich: „Meine Frau Meri und ich, wir machten uns immer lustig. Wir wollten unbedingt die Mädchen sehen, die er mit ins Haus brachte. Es machte uns Spaß, so zu tun, als wären wir ein altes Ehepaar, das im Bett lag. Wir hatten Creme im Gesicht und unsere Schlafanzüge an. Und dann ging

„Ich hatte eine wirklich schöne Kindheit: ich fühle mich sehr privilegiert, denn ich habe eine tolle Familie und fühlte mich immer geliebt. Es gibt nichts Schlimmeres als eine unauthentische, gequälte Persönlichkeit."

die Tür auf. Die Treppe war direkt vor unserer Tür, und so warteten wir, ob Harry allein oder mit Leuten nach Hause kommen würde."

„Ich war allein", versicherte Styles, „ich hatte Angst vor Meri."

Winston korrigierte: „Er war nicht immer allein, aber es war aufregend, die vielen A-Promis zu sehen, die auf den Dachboden kamen und dort schliefen. Manchmal kamen sie runter und sie machten es sich mit uns gemütlich. Wir haben nie über die Arbeit gesprochen. Harry tat so, als wäre er nicht gerade eben erst von einem Konzert in Rio de Janeiro zurückgekommen, wo er drei Abende hintereinander vor 80 000 Menschen gespielt hatte."

Ruhm, Erfolg und Geld begannen ihren Tribut zu fordern – schließlich spielte er jeden Abend vor 80 000 kreischenden Fans (überwiegend Mädchen). („Du wirst dich nie daran gewöhnen, in einen Raum zu kommen und die Leute fangen an zu kreischen", behauptet Harry.) Da kann man sich leicht vorstellen, dass Harry viele Mädchen mit auf seinen Dachboden genommen hat. Nach Aussage

Links: Als *X-Factor*-Finalisten lächeln Zayn, Harry, Louis, Liam und Niall am 12. November 2010 in den Fountain Studios in London in die Kameras.

Rechts: Harry und Louis am 12. Dezember 2010 hinter den Kulissen der *X-Factor*-Studios.

des Sängers selbst ist dies jedoch nicht zutreffend: „Viele der Mädchen, mit denen ich fotografiert werde, sind nur Freunde – und wenn man den Zeitungen glaubt, habe ich ungefähr 7 000 Freundinnen." Obwohl er in dieser Hinsicht zweifellos mehr Glück hatte, als die meisten anderen, scheint Harry mehr Respekt vor dem anderen Geschlecht zu haben, als manche seiner Altersgenossen. „Es wird oft so dargestellt, dass ich Frauen nur auf sexuelle Weise sehe. Ich bin nur mit meiner Mutter und meiner Schwester aufgewachsen, deshalb respektiere ich Frauen sehr", sagte Harry auf die Frage nach den Kerben in seinem Bettpfosten – oder deren Fehlen. Harrys Ehrlichkeit in Bezug auf seine Sexualität und seine Beziehungen zu Mädchen (berühmt oder nicht) hat deutlich gemacht, wie sehr er sich von anderen Popstars unterscheidet, die ihren Ruhm ausgenutzt haben.

Es ist bezeichnend, dass Harry das alles selbst nicht als eine große Sache ansieht. „Ich hatte noch nie das Bedürfnis, mich in Bezug auf mein Privatleben zu erklären", sagte Harry 2017 und hoffte, dass er jetzt, als reifer Solokünstler, keine Fragen mehr über sein Liebesleben beantworten

müsste. Natürlich wird Harry, wo immer er auftaucht, von sensationslüsternen Gerüchten der Boulevardpresse verfolgt werden; das liegt in der Natur der Sache. Die Tatsache, dass die meisten Mitglieder von *One Direction* eine enge Beziehung zu ihren älteren Schwestern haben (Liam hat zwei, Zayn drei, Harry hat eine und Louis hat vier Halbschwestern), erklärt jedoch, warum der „normale" Harry und die übrigen „normalen" Bandmitglieder so gut mit ihren weiblichen Fans umgehen können. Man kann auch sagen, dass die Tatsache, Schwestern zu haben, die Jungs zusammenschweißte, da jeder von ihnen in den anderen die Brüder fand, die er nie hatte – was auch erklärt, warum die Chemie zwischen diesen fünf speziellen Jungs so sehr gestimmt hat. Natürlich hatte Harry schon als Teenager und vor seiner ersten Teilnahme an *The X Factor* im Jahr 2010 Freundinnen. Seine erste Freundin hieß Abigail: „Meine erste

Oben: *One Direction* treten am 17. September 2011 im Nachtclub G-A-Y Heaven in London auf.

Rechts: Harry genießt das Leben in einem Privatflugzeug … während er sich auf seinem Twitter-Account mit seinen Millionen von Fans austauscht.

„

Das ist das Erstaunliche an der Musik, es gibt einen Song für jedes Gefühl. Kannst du dir eine Welt ohne Musik vorstellen? Das wäre beschissen und ich wäre immer noch Bäcker.

„

richtige Freundin hatte dieses bestimmte Lachen ... Sie hatte auch etwas Geheimnisvolles an sich, weil sie nicht auf unsere Schule ging. Ich habe den Boden unter ihren Füßen verehrt – und sie wusste das, wahrscheinlich ein bisschen zu sehr ... Das war eine harte Zeit. Ich war 15, sie wohnte eineinhalb Stunden mit dem Zug entfernt, und ich arbeitete drei Jahre lang in einer Bäckerei. Samstags hatte ich um 16.30 Uhr Feierabend und der Zug fuhr um 16.42 Uhr, und wenn ich ihn verpasste, kam erst ein oder zwei Stunden später der nächste. Also habe ich Feierabend gemacht und bin zum Bahnhof gesprintet. Ich gab 70 Prozent meines Lohns für Zugtickets aus. Später habe ich überall ihr Parfüm wiedererkannt ... solche Kleinigkeiten ... Ich rieche dieses Parfüm immer noch ständig: Ich stehe im Aufzug oder an der Rezeption und sage zu jemandem: ,Das ist *Alien*, richtig?' Und manchmal sind sie beeindruckt, und manchmal sind sie ein wenig verängstigt und sagen: ,Hör auf, an mir zu riechen!'"

Die Arbeit in der Bäckerei in Holmes Chapel war sein erster Job, den er im Alter von 14 Jahren antrat. Fans von Morgan Spurlocks Dokumentarfilm werden sich an die Bäckerei als einen der Höhepunkte des Films erinnern. Harry

kehrt im Film in die Bäckerei zurück und trifft seine ehemaligen Kollegen wieder. „Ich habe ein paar Jahre lang in einer Bäckerei und für diese alten Damen gearbeitet – sehr nette alte Damen", scherzt er in die Kamera. Die örtliche Bäckerei hat Harry vielleicht auf die Strapazen des Tourlebens und das Leben unterwegs mit *One Direction* vorbereitet: Jeden Samstag stand er um 5 Uhr morgens auf und ging zur Bäckerei, um seine Tagesschicht zu absolvieren und Brot an die Dorfbewohner zu verkaufen. In dieser Zeit suchte Harry auch einen Berufsberater in der Schule auf: Er erinnert sich, dass er sich nicht sicher war, was er mit seinem Leben anfangen sollte. Eine Zeit lang wollte er Physiotherapeut werden, aber dann: „Wir hatten in der Schule einen Workshop, in dem wir darüber sprachen, was wir machen wollten, und jemand sagte mir, dass es in diesem Bereich keine Jobs gebe und ich mir etwas anderes suchen solle. Um ehrlich zu sein, ich war ein wenig ratlos ..."

Während er seine Samstagsschichten in der Bäckerei ableistete, erwachte in Harry der Ehrgeiz, Jura zu studieren

Oben: *One Direction* treten am 12. Oktober 2011 im Carphone Warehouse in der Londoner Oxford Street auf.

„Am Anfang habe ich immer gesagt, dass ich nur der Opa mit den besten Geschichten und dem Regal mit den besten Erinnerungsstücken und Krimskrams sein wollte."

und vielleicht Anwalt zu werden – zweifellos ein Anwalt des Rock 'n' Roll! Aber diese frühen Pläne wurden ad acta gelegt, als Harry seiner ersten Band *White Eskimo* beitrat. Die Band ist auch im Jahr 2017 noch aktiv, obwohl sie ihren Leadsänger an *One Direction*, die größte Popband aller Zeiten, verloren hat. Auf *YouTube* gibt es viele Videos von den Proben mit Harry und *White Eskimo*, die man sich unbedingt ansehen sollte. Bereits dort sieht man Harrys unglaubliches Talent. „Wir haben ein paar Songs geschrieben", erinnert sich Harry an die ehemalige Band, „einer hieß *Gone in a Week*. Da ging es um Gepäck: *I'll be gone in a week or two / Trying to find myself someplace new / I don't need any jackets or shoes / The only luggage I need is you*."

Harrys Zeit bei *White Eskimo* war ausschlaggebend für seinen Wunsch, sich von den Gesetzesbüchern abzuwenden und sich auf den Rock 'n' Roll zu konzentrieren. „Ich singe in einer Band mit ein paar Schulfreunden", sagte Harry zunächst stolz zu Dermot O'Leary während seiner Teilnahme bei *The X Factor*. Und er fuhr fort: „Ich bin der Leadsänger. Wir haben beim *Battle of the Bands* mitgemacht und wir haben gewonnen. Als wir den Wettbewerb gewonnen haben und vor einer Menge Leute aufgetreten sind, war mir klar, dass es genau das ist, was ich machen will. Ich war so überwältigt, als ich vor den Leuten gesungen habe, dass ich immer mehr und mehr davon wollte." In einem anderen Interview erinnerte sich Harry daran, wie ihm die Auftritte mit *White Eskimo* das Selbstvertrauen gegeben hatten, vor anderen Menschen aufzutreten, und dass er seinem Berufsberater beim nächsten Treffen etwas zu erzählen hatte: Damals beschloss er, dass er weder Bäcker, noch Anwalt, noch Physiotherapeut werden wollte – er wollte Musiker werden! Ein ernst zu nehmender Musiker! „Ich weiß noch, wie nervös ich vor meinem ersten Auftritt war", sagte Harry über *White Eskimo*, „aber danach hat dieses Gefühl, dass jeder dir bei etwas zusieht, das dir Spaß macht, mich wirklich stark beeindruckt, diesen Adrenalinstoß mag ich."

Natürlich verließ Harry *White Eskimo* in dem Moment, als er die erste Runde von *The X Factor* überstanden hatte und somit den ersten Schritt in die Richtung getan hatte, um seinen Traum, als Solokünstler den Durchbruch zu schaffen, zu verfolgen. Doch wie wir wissen, sollte es nur zwei Monate dauern, bis Harry Mitglied einer anderen Band werden würde, einer Band, deren Kurs nur in „eine Richtung" lief – *One Direction*.

Oben: Die Jungs zeigen sich bei den *GQ Style Awards* 2010 in einer Aufmachung, die Eindruck hinterlässt.

Links: Der stolze Mentor Simon Cowell lobt seine Schützlinge am 9. Dezember 2010 auf einer Pressekonferenz vor dem Finale von *The X Factor*.

KAPITEL ZWEI

HARRY'S FREUNDE

HARRY'S FREUNDE

MIT MEHR ALS 30 MILLIONEN FOLLOWERN AUF TWITTER UND MEHR ALS 150 MILLIONEN AUFRUFEN VON *SIGN OF THE TIMES* AUF *YOUTUBE*, MANGELT ES HARRY STYLES WEDER AN FREUNDEN NOCH AN FANS. IN DEN LETZTEN JAHREN HAT ER JEDOCH AUCH WEGEN SEINER BERÜHMTEN FREUNDE UND FREUNDINNEN SCHLAGZEILEN GEMACHT, WESHALB HARRY NUN AUF SCHRITT UND TRITT VON PAPARAZZI VERFOLGT WIRD.

ED SHEERAN

Als Songwriter für *One Direction* (*Little Things*, *18*, *Moments und Over Again*) und enger Freund der Band teilt Ed auch ein paar Freundschaftstätowierungen mit Harry, darunter ist das Pingu-Tattoo das denkwürdigste. Im Jahr 2015 sagte Ed, dass er keine Songs mehr für *One Direction* schreiben müsse, da sie selbst schon so gut im Schreiben von Songs geworden seien.

TAYLOR SWIFT

Harrys dreimonatige „Freundschaft" schien zu schön, um wahr zu sein – die größte weibliche Künstlerin der Welt und der heißeste männliche Künstler der Welt gehen eine Liebesbeziehung ein. Harry hat sich über Tay-Tay bedeckt gehalten und sagte über ihr berühmtes zweites Date im New Yorker Central Park: „Wenn ich Fotos von diesem Tag sehe, denke ich, dass Beziehungen in jedem Alter schwer sind. Und wenn man dann noch bedenkt, dass man mit 18 noch nicht genau weiß, wie so was abläuft, macht es das Ganze nicht einfacher. Ich meine, am Anfang ist man ein bisschen unbeholfen. Du hast ein Date mit jemandem, den du wirklich magst. So einfach sollte es sein, oder? Es war auf jeden Fall eine Lernerfahrung. Aber im Grunde genommen wollte ich nur, dass es ein normales Date ist."

Oben: Ed und Harry nehmen am 11. August 2013 an den *Teen Choice Awards* im Gibson Amphitheatre in Los Angeles teil.

Rechts: Das Bild, das die ganze Welt gesehen hat: Swift und Styles am 2. Dezember 2012 im Central Park in New York.

BEN WINSTON

Der zwölf Jahre ältere Fernsehproduzent Ben Winston ließ Harry in den ersten 20 Monaten seiner Karriere auf seinem Dachboden schlafen. Das Zusammenleben mit Ben und seiner Frau Meri gab Harry den nötigen Halt, als seine Welt aus den Fugen geriet.

JAMES CORDEN

Ben ist James' Produzent, das Trio Ben, Harry und James sind befreundet, seit Ben die ersten Musikvideos der Band gedreht hat: *Best Song Ever, Story of My Life, Midnight Memories* und *You & I*. Harry war im Juni 2017 eine Woche lang in *The Late Late Show with James Corden* zu Gast, um sein Debütalbum *Harry Styles* zu promoten. Corden erzählt: „Harry war auf meiner Hochzeit, ich liebe ihn von ganzem Herzen, ich bin so stolz. Ich gebe ihm keine Liebesratschläge! Machst du Witze? Es ist ein Wunder, dass wir eigentlich die gleiche Spezies sind. Er braucht keine Ratschläge von mir. Er weiß in allen Bereichen seines Lebens, was er tut."

NICK GRIMSHAW

Nick „Grimmie" Grimshaw, der sehr erfolgreiche Moderator der BBC Radio One *Breakfast Show*, ist seit den Anfängen von *One Direction* ein fester Bestandteil der Band. Die beiden waren eine Zeit lang unzertrennlich. Nick sagte über Harry: „Für mich ist das völlig normal, dass ein DJ mit einem Popstar befreundet ist. Es ist ja nicht so, dass er irgend so ein Spinner ist, der nicht reden kann. Er ist wirklich lustig! Jeder, der ihn trifft, denkt: ,Oh ja, er ist wirklich nett und interessant.'"

Links: Harry und sein guter Freund James Corden gehen am 9. Januar 2013 in dem Londoner Nobelrestaurant *Sketch* essen.

Oben, links: Ein Schnappschuss von Harry bei seiner Ankunft auf dem Jingle Ball von KIIS FM in Los Angeles, Kalifornien, am 4. Dezember 2015.

Oben, rechts: Harry und Grimmie feiern am 4. Juni 2015 die Markteinführung der Modekollektion *Nick Grimshaw for TOPMAN* im Odette's in Primrose Hill, London.

KENDALL JENNER

„Sie hat einen großen Anteil an dem Album", sagte Harry über sein Debütalbum. Viele glauben, dass sich diese Aussage auf Kendall Jenner bezieht. Seit 2013, als die beiden zusammen eine Karibikkreuzfahrt machten, ist sie seine Freundin. „Manchmal möchte man ihnen Respekt zollen, und manchmal möchte man ihnen einfach alles geben und hoffen, dass sie wissen, dass alles nur für sie ist …"

CAROLINE FLACK

Die *X-Factor*-Moderatorin, die vierzehn Jahre älter ist als Harry, wurde heftig kritisiert, weil sie mit Harry zusammen war, als er 17 Jahre alt war. Die beiden beendeten ihre kurze Beziehung im Januar 2012.

DAVID BECKHAM

Wer möchte nicht mit David Beckham befreundet sein?

ZACH BRAFF

Der Fernsehstar von *Scrubs* hat sich 2014 mit Harry angefreundet. „Ich weiß nicht wirklich, woher wir uns kennen, wir sind einfach in Kontakt gekommen. Ich bin ein großer Fan", sagte Harry. Zach erwiderte: „Für alle, die fragen: Harry Styles ist ein fantastischer Sänger."

Oben: David Beckham und Harry bei einer Filmpremiere am 1. Dezember 2013.

Rechts: Harry und sein neuer bester Freund Zach Braff besuchen am 18. Januar 2014 die Premiere von Braffs Film *Wish I Was Here* im Marc Theatre auf dem Sundance Film Festival in Utah.

CAMILLE ROWE

Zwischen 2017 und 2018 war Camille Rowe, Victoria's Secret Model und Schauspielerin, Harrys Freundin. Die vier Jahre ältere Franko-Amerikanerin schien verliebt zu sein – und offenbar beruhte das Gefühl auf Gegenseitigkeit. Als Nick Grimshaw Harry der ‚Heart Rate Challenge' seiner BBC *Breakfast Show* unterzog, wurde Harry ein Bild von Rowe gezeigt. „Ich kenne sie nicht. Ich bin sicher, dass sie eine wunderbare Person ist", antwortete Harry sehr wenig überzeugend.

CARA DELEVINGNE

Harry und das Supermodel Cara sind seit 2011 beste Freunde und schienen lange Zeit füreinander bestimmt zu sein – beide sind auf dem Höhepunkt ihrer Karrieren. Harry behauptet regelmäßig: „Sie ist nicht mein Mädchen!", doch die beiden wurden schon oft zusammen in der Öffentlichkeit gesehen, wobei sie sich gegenseitig in ihren Karrieren unterstützen. Er sagte einmal zu den Medien, dass Cara „sehr gut darin sei, über den Laufsteg zu gehen."

Rechts: Cara Delevingne, Clara Paget und Harry feiern am 21. September 2015 auf der London Fashion Week.

Nächste Doppelseite: Kate, die Herzogin von Cambridge, trifft Harry am 13. November 2014 bei der Royal Variety Performance im London Palladium.

Harry hat eine Menge geheimer Telefonnummern von Promis, und wir erfahren erst immer hinterher davon! Wir sehen etwas in der Zeitung und denken so: ‚Was ist denn hier los?', und er sagt dann: ‚Oh, das ist Gary von *Take That* oder wer auch immer, macht euch keine Sorgen.

LIAM PAYNE

Links: Die letzte Live-Show von *One Direction* am 31. Oktober 2015 in der Sheffield Arena.

KAPITEL DREI

THE X FACTOR

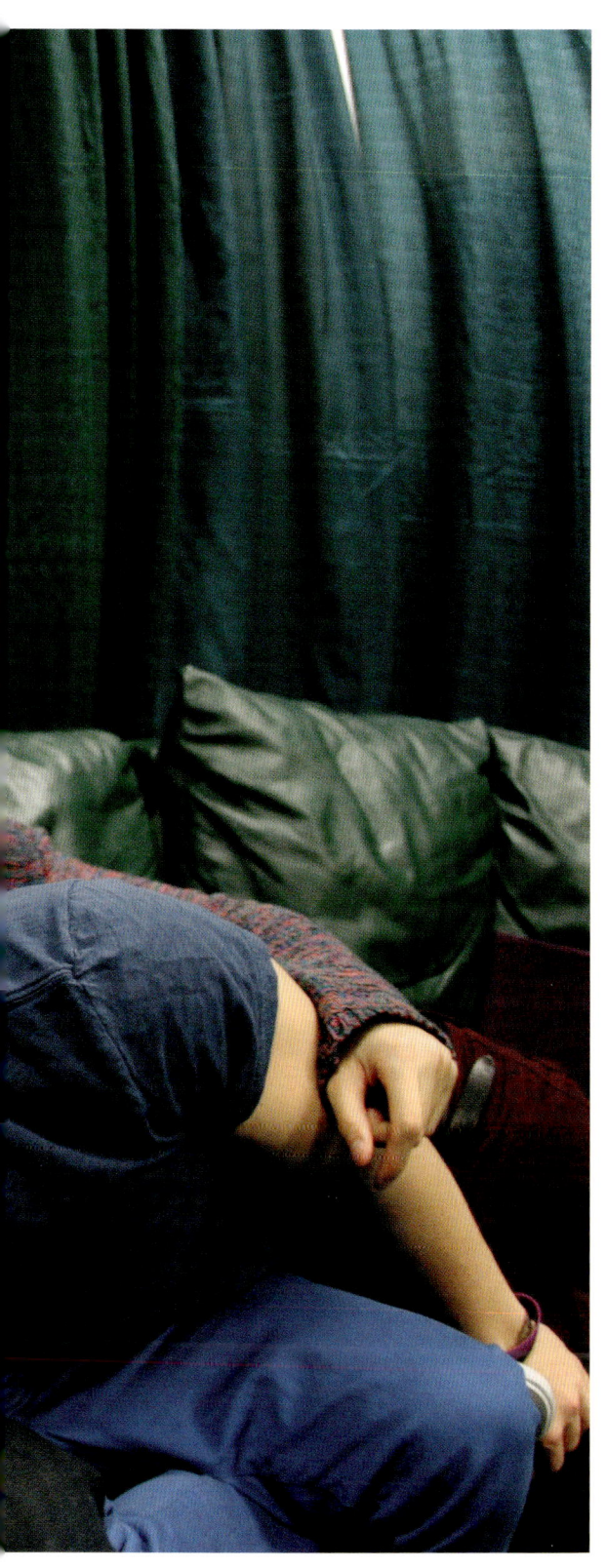

THE X FACTOR

VON DEM MOMENT AN, ALS HARRY AM 11. APRIL 2010 DIE *X-FACTOR*-BÜHNE IN DER MANCHESTER CENTRAL ARENA BE-TRAT, WAR KLAR, DASS DIESER JUNGE MANN ETWAS GANZ BESONDERES AN SICH HAT: ER HATTE STARPOWER, GANZ SICHER; ER HATTE DIESEN X-FAKTOR. KEIN KÜNSTLER VOR IHM, AUSSER VIEL-LEICHT LEONA LEWIS, HATTE ALL DIESE MAGISCHEN ZUTATEN, DIE SIMON CO-WELL UND CO. SUCHTEN. DOCH HARRYS TRAUM, EIN STAR ALS SOLOSÄNGER ZU WERDEN, GING NICHT GANZ AUF, ZUMIN-DEST NICHT AUF ANHIEB …

Wie William Shakespeare einst schrieb, verläuft der Kurs der wahren Liebe nie reibungslos. Harrys Liebe zum Ge-sang und sein Traum, ein Solokünstler zu werden, musste nach seinem ersten Vorsingen vor der Jury aus Simon Co-well, Louis Walsh, Cheryl Cole und Dannii Minogue erst einmal zurückgestellt werden. Nach seinem wenig beein-druckenden Auftritt im sogenannten Bootcamp-Teil der Show war es Nicole Scherzinger, eine Gastjurorin, die Si-mon Cowell vorschlug, dass Harry sich mit vier anderen talentierten Jungen zusammentun sollte, von denen jeder einzelne zu gut war, um ihn gehen zu lassen, aber nicht gut genug, um allein zu bestehen.

Links: Die Band findet sich am 2. März 2012 im Patriot Centre, Virginia, hinter der Bühne zusammen.

Wir haben bei *The X Factor* in Großbritannien mitgemacht, und da will man schon Feedback von jemandem haben, der weiß, wovon er spricht, der einem sagt, ob man gut ist oder nicht, anstatt dass nur deine Mutter dir sagt, dass sie es mag, wie du singst.

„Ich bin Harry Styles, ich bin sechzehn und komme aus Holmes Chapel in Cheshire."

Sie alle hinterließen einen großartigen ersten Eindruck, aber in ihrem jungen Alter hatten sie noch nicht das Selbstvertrauen, als Solokünstler aufzutreten.

„Wir haben bei *The X Factor* in Großbritannien mitgemacht, und da will man schon Feedback von jemandem haben, der weiß, wovon er spricht, der einem sagt, ob man gut ist oder nicht, anstatt dass nur deine Mutter dir sagt, dass sie es mag, wie du singst", erinnerte sich Harry an diese Zeit. Wie so oft in der Welt der Popmusik spielen auch hier die Mütter eine wichtige Rolle, was die Motivation angeht. Manchmal kann der Glaube einer Mutter fehl am Platze sein, aber Harrys Mutter Anne wusste, dass ihr Sohn den X-Faktor in sich trug. Sie schlug Harry vor, es in der Kategorie der Jungen bei *The X Factor* 2010 zu versuchen, nachdem sie beobachtet hatte, wie er sich für seine Band *White Eskimo* engagierte – und natürlich auch, wie er unter der Dusche zu Hause sang …

Als er auf der Bühne von Simon Cowell über sich selbst befragt wurde, antwortete Harry: „Ähm, ich arbeite in einer Bäckerei. Ich arbeite samstags dort." Und als er von Simon weiter gefragt wurde, warum er gekommen sei, antwortete Harry: „Ich wollte schon immer mal vorsingen, aber ich war immer zu jung." Die Menge jubelte ihm zu.

Als er die romantische Pop-Ballade *Isn't She Lovely* von Stevie Wonder sang, erhielt Harry eine positive Reaktion von Nicole. Berühmt-berüchtigt wurde jedoch Louis Walshs Kritik an Harry: „Ich glaube, du bist noch zu jung. Ich glaube, du hast noch nicht genug Erfahrung und Selbstvertrauen." Zum Glück war Simon zur Stelle, der Louis gegenüber seine ehrliche Meinung mit nur einem Wort äußerte: „Blödsinn". Simon und Nicole gaben Harry zwei Ja-Stimmen und schickten den Sänger in die nächste Runde des Wettbewerbs. Aber das war nur der Anfang, wie Harry feststellte. „In diesem Moment befindest du dich in einem Strudel. Du weißt nicht wirklich, was da passiert; du bist nur ein Kind in einer Show. Du weißt nicht einmal, dass du in irgendetwas gut bist."

Oben: Harry tritt mit *One Direction* am 7. Dezember 2012 auf dem Z100 Jingle Ball in New York auf.

Nächste Doppelseite: *One Direction* begeistern am 8. November 2012 die Zuschauer von *The X Factor* USA während der Ausscheidungen in der Live-Show in Los Angeles.

Ich bin hingegangen, weil meine Mutter mir gesagt hat, dass ich beim Singen im Auto gut war … aber deine Mutter erzählt dir auch manchmal Dinge, damit du dich gut fühlst, also ist man da eher skeptisch … Ich wusste nicht wirklich, was mich erwartete, als ich dort auftrat." Glücklicherweise haben Harrys Glaube an sich selbst und der seiner Mutter gesiegt, und Harrys Traum, als Solosänger sein Glück zu finden, wurde wahr. Mehr oder weniger …

Im Juli 2010 bestand Gastjurorin Nicole Scherzinger darauf, dass die männlichen Teenager aus der Jungen-Kategorie – Louis Tomlinson, Liam Payne, Niall Horan, Zayn Malik und Harry Styles – einfach zu gut seien, um sie aus dem Wettbewerb zu werfen. Eine fünfköpfige Band wurde zusammengestellt. „Ich habe eine Entscheidung getroffen, und zwar innerhalb von zehn Minuten: Warum packen wir diese fünf Jungs nicht in eine Band?", sagte Simon Cowell.

One Direction – oder *1D*, je nachdem, was man bevorzugt – eroberten von dieser Show aus die Welt, obwohl sie den Wettbewerb nicht gewannen und nicht einmal den zweiten Platz belegten, und obwohl es sich um eine Band aus fünf Jungs handelte, die sich noch nie zuvor getroffen oder zusammen gesungen hatten und die sich nicht sicher waren, ob sie sich überhaupt mochten. Jeder der fünf Jungen sah gut aus, hatte Charme und Talent, aber die Chancen, als Band erfolgreich zu sein, standen nicht gut für sie. Aber für jeden von ihnen war *One Direction* die einzige Alternative. Der Rest ist Geschichte, wie wir jetzt wissen: Zwischen 2010 und 2015 erreichten *One Direction* die höchsten Gipfel der Perfektion in der Popmusik. Aber es war nicht alles einfach, wie die Band in vielen ihrer ersten Interviews erzählte.

„Bevor wir als Band zusammenkamen", so Zayn, „waren wir so etwas wie Konkurrenten füreinander, weil wir in der gleichen Kategorie bei *X Factor* waren. Aber sobald wir uns zusammengetan hatten, haben wir uns alle sehr gut verstanden. Wir fuhren alle zu Harry nach Hause und blieben dort, um uns gegenseitig kennenzulernen."

In einem anderen Interview widersprach Louis zunächst: „Als wir bei The *X Factor* waren, sind wir uns immer gegenseitig an die Gurgel gegangen!" Dann gab er jedoch zu:

Als wir uns gerade erst zusammengetan hatten, fuhren wir nach Wembley, um *Take That* zu sehen, und wir dachten: ‚Ja, das ist es, was wir machen wollen.' In 15 Jahren wollen wir mit One Direction im Wembley-Stadion auftreten.
Die Tickets gibt es noch nicht zu kaufen, aber wartet ab, eines Tages ist es so weit …

Links: *One Direction* treten live auf.

„Aber wir hatten ähnliche Ansprüche, ähnliche Ziele. Ich nehme an, dass wir uns deshalb so gut verstanden haben." Harry, der immer diplomatisch war, erinnerte sich genau an diese verrückte Zeit in seinem Leben: „Wir haben alle diese neue Erfahrung gemacht; wir sind alle mit der gleichen Einstellung an die Sache herangegangen. Es war, als ob wir alle neu in die Schule kämen."

In einem ergreifenden und aufschlussreichen Interview für *Teen Vogue* mit Maude Apatow, der Tochter des Filmregisseurs Judd Apatow, sprachen die Jungs (was damals sehr selten war) offen über die Anfangszeit als Bandmitglieder von *One Direction*. Zayn kommentierte: „Als wir bei *The X Factor* waren, haben wir nicht realisiert, dass wir von heute auf morgen berühmt geworden waren. Wir haben das nicht wirklich verstanden, bis wir mal shoppen gegangen sind. Das war so in der 7. oder 8. Woche der Show. Wir waren mit ein paar anderen Kandidaten unterwegs, und es waren jede Menge Leute da, es war brechend voll. Unsere Eltern waren natürlich stolz, aber sie mussten sich noch an die Tatsache gewöhnen, dass wir in einer Band sind. Ich glaube, meine Mutter würde *One Direction* sogar mögen, wenn ich nicht in der Band wäre!"

Harry mischte sich ein: „Unsere Familien kommen immer und unterstützen uns. Obwohl das alles passiert, halten uns unsere Familien auf dem Teppich. Ich denke, wir versuchen so gut es geht, einfach wir selbst zu bleiben. Ich denke, das ist wichtig – vor allem, wenn man bedenkt, wie die Welt im Moment aussieht. Es gibt so Vieles, das den Menschen einredet, anders zu sein als sie selbst sind. Wir versuchen, so zu sein, wie wir sind, ohne dabei albern zu sein."

Alle Jungs behaupteten zu unterschiedlichen Zeiten, dass sie es „gehasst" haben, in der Band zu sein – zum Teil, weil der immense Erfolg von *One Direction* mit erdrückendem Ruhm einherging. Aufgrund ihres bescheidenen und stark familienorientierten Hintergrunds ist dies keinem der Bandmitglieder leichtgefallen. Für *One Direction* ist „Ruhm" ein hässliches Wort.

Oben: Harry mit seinen Fans bei den MTV Video Music Awards 2012 am 6. September.

Rechts: Die „klassische" Harry-Pose bei den MTV Video Music Awards am 6. September 2012.

„Weißt du, wenn die Leute sagen: ‚Du bist berühmt‘, dann hat das einfach keine Substanz. Es ist nicht dasselbe wie: ‚Er ist ein wirklich netter Kerl‘ oder ‚Er ist wirklich lustig‘; es ist einfach nur ‚Du bist berühmt‘. Das ist einfach seltsam, ich hasse es. Einer der Gründe, warum ich das Wort ‚berühmt‘ nicht mag, ist, dass die Leute es hinterher benutzen und sagen: ‚Du warst mal berühmt‘ oder ‚Er ist nicht mehr berühmt‘, und das ist einfach seltsam“, sagte Harry, der als Bandleader ein zusätzliches Maß an Ruhm schultern musste. Zu einem Teil hat er selbst dafür gesorgt, weil er auch in seiner Freizeit Aufmerksamkeit erregt hat, und zum anderen Teil fiel der Ruhm ihm einfach zu – denn, so Zayn und Liam: „Harry ist der perfekte Popstar. Er ist einfach dafür geboren, er liebt es.“ Und weiter: „Harry geht einfach gerne aus und amüsiert sich, er will den Moment nicht vergeuden.“

Bei so viel Ruhm ist es erstaunlich, dass keines der Bandmitglieder durchgedreht ist. Die Band hat sich noch keiner karriereschädigenden Kontroverse gegenüberstellen müssen. Das liegt an der Liebe, die sie von ihren ehrlichen Fans und ihren Müttern empfangen: Bei Harrys Mutter Anne hat der Ruhm ihres Sohnes Ängste ausgelöst. Als Harry zum ersten Mal in den Schlagzeilen war, sagte sie: „Es ist

etwas gewöhnungsbedürftig, es fühlt sich ziemlich surreal an. Man ist so stolz, dass einem manchmal das Herz zerspringen könnte, aber im Hinterkopf hat man immer das Gefühl, dass man bereit sein muss, die Scherben aufzusammeln, wenn es zu Ende geht.“

„Ich glaube, dass die Fans, die wir hatten, die ehrlichsten waren“, sagte Harry auf die Frage nach dem Erfolg der Band und ihrer Gabe, trotz des ganzen Chaos einen kühlen Kopf zu bewahren. Simon Cowell pflichtete ihm bei: „Für mich ging es, nachdem sie die Show verlassen hatten, nur noch um die Fans. Buchstäblich von der Sekunde an, in der sie beendet war, machten es sich die Fans zur Aufgabe, *One Direction* zur größten Band der Welt zu machen.“ Auf ihrem Weg, die berühmtesten fünf Teenager der Welt zu werden, hat jedes Bandmitglied den Menschen gegenüber, die sie zu Stars gemacht haben, unzählige Male seine Dankbarkeit ausgedrückt. Diese aufrichtige Dankbarkeit für ihre treue und engagierte Fangemeinde hat die Band stark gemacht und zusammengeschweißt, vor allem, wenn sie erschöpft oder schlecht drauf waren. „Die Fans haben unser Leben komplett verändert. Selbst wenn du einen schlechten Tag hast, die Energie von 50 000 schreienden Fans zieht dich wieder hoch. Man kann nicht mit einem

mürrischen Gesichtsausdruck auf die Bühne gehen. Sie motivieren uns. Bei all unserem Erfolg ist die Möglichkeit, etwas Greifbares für unsere Fans zu tun, das Beste, was wir bisher erreicht haben."

In Morgan Spurlocks Dokumentarfilm *This Is Us* hatten mehrere Fans die Gelegenheit, vor der Kamera zu sprechen und der Welt ihre Gefühle für ihre Lieblingsband mitzuteilen. „Wir lieben sie, weil sie über unsere Gefühle singen", sagten sie. Oder: „Sie geben uns den Glauben, dass alles möglich ist, wenn wir an uns selbst glauben." Die Fähigkeit der Band, ihren Fans ein gutes Selbstwertgefühl zu geben, ließ sie authentisch erscheinen – und die Fans haben im Gegenzug ihre Dankbarkeit gezeigt. Louis meinte: „Ich glaube wirklich, dass man Bücher über *One-Direction*-Fans schreiben wird. Weil sie so fanatisch sind. Diese Intensität. Das ist bemerkenswert." Simon Cowell stimmte zu: „Da gibt es diese Gruppe von ‚Superfans', wie ich sie nenne, die sind wie Abhängige, diese Mädchen sind verrückt nach *One Direction*. Und ich habe keine Ahnung,

warum. Ich bin kein Neurowissenschaftler." Schnitt und Kameraschwenk auf … Dr. Stefan Koelsch, einen Neurowissenschaftler. In einer der witzigsten Szenen in Spurlocks Dokumentarfilm erklärt Koelsch, dass der Grund, warum *One Direction* so gut bei ihren Fans ankommen, rein wissenschaftlich ist: „Sobald die Fans von *One Direction* Musik hören und diese als angenehm empfinden, wird im Gehirn ein neurochemischer Stoff namens Dopamin ausgeschüttet, der für Glücksgefühle sorgt. Schüttelfrost, Gänsehaut, starke Freude. Die Mädchen sind nicht verrückt, sie sind einfach nur aufgeregt."

Links: Am 7. Dezember 2012 während eines Auftritts beim Z100 Jingle Ball im Madison Square Garden in New York: Harry in der Pole Position.

Oben: Am 26. November 2014 begeistert Harry seine Fans bei den 28. jährlichen ARIA Awards in Sydney, Australien.

Nächste Doppelseite: Harry am 20. August 2013 bei der Weltpremiere von *This Is Us* im Empire, Leicester Square, London.

„Der erste Gedanke war: Könnte das in Amerika funktionieren? Es gibt nicht viele britische Boybands, die in Amerika Erfolg haben."

ROB STRINGER,
VORSTANDSVORSITZENDER VON COLUMBIA RECORDS

Simon Cowell, der offensichtlich genug talentfreie Menschen gesehen hat, bestätigte, dass weder *One Direction* noch deren Fans simulierten. Die Band mag zwar in einer Fernsehshow „erschaffen" worden sein, aber damit hat sich das „Künstliche" dann auch schon erledigt. Zu Beginn ihrer Karriere merkte er an: „Ich habe schon lange nicht mehr so eine weltweite Reaktion auf eine Band erlebt. Wenn wir uns vor zwei Jahren unterhalten hätten, hätte ich nicht gesagt, dass sie in Amerika auf Platz eins debütieren würden. Das wäre lächerlich gewesen." Selbst Louis Walsh, der kein Fan von Harry ist, gab zu, dass die Band etwas Besonderes ist: „Ich habe noch nie eine Band gesehen, die so früh in ihrer Karriere so viel Hysterie ausgelöst hat." Die Band selbst war schockiert, wie viele Fans sie in so kurzer Zeit gewonnen hatten. Harry meinte: „Das hat uns am Anfang wirklich überrascht. Es überrascht uns auch jetzt noch, wie viele Leute uns zu mögen scheinen."

Der Grund für diese Beatlemania-artige Hysterie war einfach: Die Bandmitglieder durften sie selbst sein. Sowohl ihr Managementteam als auch Simon Cowell förderten von Anfang an ihre individuellen Persönlichkeiten und ließen ihnen mehr Freiheiten als allen anderen Casting-Boybands, die es zuvor gegeben hatte. Wenn die manipulativen und ausbeuterischen Managements von Boybands wie den *Backstreet Boys*, *NSYNC* und *Take That* die Maßstäbe dafür setzten, was es bedeutete, im 20. Jahrhundert in einer Boyband zu sein, dann hat *One Direction* im 21. Jahrhundert diese Maßstäbe zerstört – nein, in Schutt und Asche gelegt. „Die Sache ist die: Wenn man eine Rolle spielt", sagte Harry, „geht es irgendwann schief. Irgendwann merkt

jemand, dass man nicht authentisch ist. Also sollte man am besten von Anfang an man selbst sein." *One Direction* waren anders als alle anderen Boybands, und das lag letztlich an den Jungs selbst.

Louis sagte: „Wir konnten den typischen Klischees von Boybands nicht entsprechen, die eine choreografierte Tanznummer haben, dann ist alles das Gleiche." Zayn stimmte zu: „Wir wollten nicht einfach die Boyband-Formel befolgen. Wir wollten eigentlich gar nicht tanzen. Wir wollten einfach nur fünf Jungs in einer Band sein."

Links: Harry hält den BBC Radio One Teen Award für das beste britische Album für *Up All Night* in der Hand.

Oben: Harry und Simon besuchen am 20. August 2013 die After-Show-Party der *This Is Us*-Weltpremiere in London.

„Die Menschen, die mich kennen, wissen, was wahr ist und was nicht."

Links: Harrys Lächeln bricht genauso viele Herzen, wie es sie zum Strahlen bringt.

Rechts: Harry (in der Mitte) performt am 6. September 2012 während der MTV Video Music Awards in Los Angeles, Kalifornien.

Glücklicherweise war der Choreograf der Band mit dieser Nachricht zufrieden: „Ich traf die Jungs zum ersten Mal, als sie gerade mit *X Factor* fertig waren. Es war mir ziemlich klar, dass es anfangs keine großartigen Moves geben würde." Auch Harry stimmte zu: „Simon hat sich ein wenig zurückgehalten und uns machen lassen, was wir wollten. Ich denke, das war gut, weil es die Sache ein bisschen authentischer gemacht hat. Er hat immer noch das letzte Wort in allem, was wir machen. Als wir Simon zum ersten Mal getroffen haben, sind wir in die Garderobe gegangen und haben ganz normal mit ihm geredet. Und dann sind wir wieder raus und dachten so: ‚Wir waren gerade im selben Raum mit Simon Cowell und haben Bananen gegessen' ... das war so irre! Wir werden immer erwachsener werden. Ich bin einfach froh, dass wir es von Anfang an so gemacht haben, wie wir es wollten."

Zwischen 2012 und 2014, als es mit der Band so richtig losging, sowohl als Freunde wie auch als Musiker, gab es eine deutliche Veränderung im Output und der Ästhetik der Band. Wie die Beatles vor ihnen wurde die Band vor den Augen ihrer Fans erwachsen und älter, und das war nur allzu deutlich zu sehen. Niall meinte: „Das Gute an uns ist, dass die Fans mit uns älter werden. In Interviews fragen die Leute immer: ‚Glaubst du, die Fans werden mit euch gemeinsam erwachsen werden?' In Wahrheit haben sie sich mit uns entwickelt." Das gab auch der Band die Freiheit, sich weiterzuentwickeln. 2013 sagte Harry: „Das Schöne ist, dass wir, obwohl drei Jahre keine lange Zeit sind, das Gefühl haben, jetzt zu wissen, welche Art von Band wir sind. Also müssen wir uns weniger um die Frage kümmern, wie wir dies oder jenes machen wollen. Weil wir jetzt die Band sind, die wir sein wollen."

In dieser Zeit veränderte sich der Sound der Band dramatisch – vom Power-Pop und den aalglatten Beats ihrer frühen Hits wie *What Makes You Beautiful und Little Things* zu den reiferen, musikalischeren Stücken wie *You & I* und *Drag Me Down*. Liam äußerte über ihre Musik: „Wir haben unseren Sound immer als etwas gitarrenlastiger beschrieben, als es normale Popmusik ist. So wie *Pink*, nur als Boyband."

Harry stimmte zu: „Wir mögen Popmusik, aber anstatt Synthesizer zu benutzen, mögen wir „handgemachte" Musik: Gitarre, Schlagzeug …"

In den Jahren 2012 und 2013, als die Band in eine neue Phase eintrat und sie zu reifen jungen Männern heranwuchsen, drehte Morgan Spurlock seinen Dokumentarfilm *This Is Us*. Der Film zeigt die Bandmitglieder nicht nur hinter den Kulissen und mit absoluter Offenheit, sondern auch zu einem Zeitpunkt, als sich der Übergang zum Erwachsensein vollzog. Vor dem Drehbeginn waren die Bandmitglieder definitiv noch kleine Jungs. Mit der Premiere des Films im Jahr 2013, der neuen schwarzen Lederkleidung und dem supercoolen Modestil war klar, dass die Band jetzt aus jungen Männern bestand, die nicht nur als Musiker, sondern auch als Menschen ernst genommen werden wollten. Die Band bekam nun nicht mehr jeden Tag um 17 Uhr von ihrem Manager zwei Tüten *Haribo*, wie mal behauptet wurde. Jetzt besuchten die Jungs Modenschauen, die GQ-Awards und mit dem Beginn ihrer nächsten Welttournee, die den treffenden Namen *Up All Night*

trug, tranken sie auch Alkohol. Niall sagte: „Wir gehen nicht wirklich aus, aber diese Tour wird anders sein, weil wir jetzt alle 18 sind."

Da es für die Band oft schwierig war, den Fans ihre wahren Emotionen zu vermitteln, sollte Spurlocks *This Is Us* den Fans die exklusiven Eindrücke liefern, die die Band auf ihren Tourneen schmerzlich vermissten. Da man „vom Veranstaltungsort zum Hotel oder wohin auch immer gebracht wird", sieht man dazwischen nicht wirklich viel", was bedeutet, dass es eine Herausforderung ist, eine echte Verbindung zu den Fans der jeweiligen Länder herzustellen.

Harry sagte: „*This Is Us* ist wirklich ein Dankeschön an die Fans, weil sie zu uns gehalten haben. Wir wollten ihnen unser wahres Ich zeigen, denn Social Media und Interviews geben einem nicht die Möglichkeit, jemanden wirklich kennenzulernen." Harrys Meinung zu den Einschränkungen von Social-Media-Plattformen wie *Twitter* ist eindeutig: „Du hast nur 140 Zeichen! Die Fans wollen dich kennenlernen und du kannst ein bisschen mit ihnen interagieren, aber wir können so nicht wirklich vermitteln, wer wir als Menschen sind. Ich glaube wirklich, dass *This Is Us* helfen wird." Dazu hat sich auch die ganze Band geäußert. Niall meinte: „Es ist wirklich frustrierend, dass man nicht einfach anhalten und mit ihnen reden kann, um ihnen zu sagen, was sie für uns bedeuten."

Die Dokumentation wurde von der Band in der Today Show vom 12. November 2012 angekündigt. Die Premiere fand am 29. August 2013 statt und die Doku war natürlich ein weltweiter Erfolg an den Kinokassen. Und doch war der Film selbst für alle Beteiligten ein Wagnis. Die Band befand sich im Umbruch, und die Entscheidung für Spurlock war für die Weltstars eine Überraschung. Sein vorheriger Independent-Film war zwar für den Oscar nominiert gewesen, aber in *Super Size Me* ging es darum, ein Jahr lang jeden Tag bei *McDonald's* zu essen. Jetzt hielt er intime Momente mit der Band fest, was bei den Fans für Aufregung sorgte, und im engeren Kreis von *One Direction* wurde mehr als nur eine Augenbraue hochgezogen. Die Band zeigte sich jedoch unbesorgt.

Harry meinte: „Wir mochten Morgans Stil als Filmemacher sehr. Was auch immer Morgan macht, er scheint sich immer voll und ganz darauf einzulassen – er taucht in diese Welt ein. Und genau das wollten wir. Es war nervenaufreibend, Leute in unser Leben zu lassen, auch wenn uns bei *The X Factor* die Kameras zehn Wochen lang verfolgt haben. Wir brauchten jemanden, dem wir vertrauen konnten, weil wir wirklich Angst hatten. Aber wir haben nie zu ihm gesagt: ‚Hör auf zu filmen, das ist privat.' Wir wollten wirklich alles über uns zeigen. Es war kein Riesenstress oder so. Man hat nicht jeden Tag darüber nachgedacht, denn der Sinn des Films war es, einen ganz normalen Tag zu erleben, während die Kameras dabei waren, anstatt viele Dinge absichtlich vor der Kamera zu machen. Als wir fertig waren, war es aufregend, die nächsten Schritte zu beobachten. Das war der Spaß an der Sache."

Diese Dokumentation hinter den Kulissen, die die Band in ihren intimsten Momenten zeigt, ist eine der größten Errungenschaften der Band – sie gewährt den Fans zu einem Zeitpunkt Zutritt, an dem viele andere Bands versucht hätten, sie fern zu halten. Wie sich herausstellte, konnte der Regisseur gut nachempfinden, was die Band durchmachte, da er selbst einen ähnlich rasanten Aufstieg zum Ruhm erlebt hatte. So entstand eine natürliche Chemie zwischen der Band und dem Regisseur, die es ihm ermöglichte, sich der Band viel weiter zu nähern, als vielleicht irgendein anderer Regisseur.

Rechts: *One Direction* in pastellfarbenen Outfits bei einem Fotoshooting in Schweden, 2012.

Dies ist der Schlüssel zum Erfolg des Films. Spurlock erklärte: „Ich verstehe ganz gut, wie das ist, denn nach meinem Durchbruch mit *Super Size Me* ist auch bei mir alles ein bisschen drunter und drüber gegangen. Da hieß es auch ziemlich schnell: ,Oh, wer ist denn dieser Idiot – der hat doch keine Chance.' Ich verstehe also, was die Jungs durchmachen, wenn sie als kleine Modepuppen abgetan werden, die tanzen und singen. Wir haben zunächst eine Beziehung aufgebaut, indem wir einfach zusammen abgehangen haben. Sie konnten sehen, dass ich an sie glaube, und dadurch konnten sie sich mir gegenüber verletzlich zeigen, denke ich." Mehr als die Hälfte der Filmszenen zeigen die Band, wie sie sich Backstage amüsiert – undenkbar für andere Bands ähnlicher Größenordnung – und mit der Veröffentlichung des Films begann die zweite Phase der Karriere von *One Direction*. Doch nachdem sie fast ein halbes Jahr lang von Kameras verfolgt worden waren, suchte jedes Mitglied der Band allmählich nach eigener Unabhängigkeit. Erschöpfung und Karrieremüdigkeit machten sich bemerkbar. Harry sagte zu jener Zeit: „Ich fühle mich immer etwas außer Atem. Wir haben gerade eine Pause gehabt, aber die ersten fünf Tage lag ich krank zu Hause." Liam brachte es am besten auf den Punkt: „Ich sehe das so: Es gibt viele Leute, die viel Geld dafür bekommen, dass sie nicht viel tun – du weißt schon, wie Prominente, die dafür bezahlt werden, dass sie in Reality-Shows auftreten, oder Leute, die eine Million Pfund am Tag verdienen, indem sie ein paar Stunden lang Aktien kaufen und verkaufen – aber das, was wir verdienen, verdienen wir mit einer ganzen Menge Arbeit. Wir arbeiten ständig." Diese ständige Arbeit, die „tödliche Langeweile in Hotelzimmern" und das Reisen von einem Veranstaltungsort zum nächsten, ohne etwas von der Landeskultur zu sehen, fingen an, schwer auf der Band zu lasten. Niall wollte unbedingt mit dem Rucksack durch Australien und Vietnam reisen, wie es so viele seiner Freunde aus der Heimat getan haben. Er hatte die Nase voll von Luxushotels, die er ja alle bereits gesehen hatte. Louis wurde Vater, musste sich aber auch mit der Krebsdiagnose seiner Mutter abfinden, die schließlich 2016 von ihm ging. Liam war mit Cheryl Cole liiert, und Zayn hatte sich aus dem Bandleben zurückgezogen, was zu Spannungen und Stress führte und die Unzufriedenheit in der Band noch verstärkte. Während *One Directions* Aufstieg zum Ruhm, der Veröffentlichung ihres millionenschweren Debütalbums *Up All Night* und der ersten Welttournee hielt Harry dem Druck der Harrymania stand, einem weltweiten Phänomen, das ihn ganz selbstverständlich zum Frontmann der Band machte. Der Sänger hatte einfach das gewisse Etwas, das ihn in den Mittelpunkt rückte.

„Ich stehe zu 100 Prozent zu dieser Band. Ich will auch in zehn Jahren noch mit *One Direction* auf Tour sein. Ich werde das machen, bis ich alt bin und die Leute mir sagen, dass ich aufhören soll."

Links: Harrys Markenzeichen sind seine Locken und sein Lächeln, Schweden, 2012.

Nächste Doppelseite: Harry bei den 28. jährlichen ARIA Awards am 26. November 2014 in Sydney, Australien.

Vielleicht waren es seine Locken, sein gutes Aussehen, sein Stil, seine freche Art (oder etwas ganz anderes) jedenfalls war Harry Styles derjenige, der auf den Bühnen der Welt zum Aushängeschild der Band wurde. Für Harry waren Ruhm und Reichtum Realität geworden und damit kamen auch die Fans – und zwar Abermillionen von ihnen. Sie wurden und werden noch immer liebevoll als „Directioners" bezeichnet. Und als solche waren sie sehr, sehr laut.

Harry sagte: „Es gibt eine Menge Dinge, die mit diesem Leben einhergehen, in denen man sich verlieren kann. Aber man muss es so nehmen, wie es ist. Ich habe gelernt, nicht alles zu ernst zu nehmen." Dass er sich nicht aus der Ruhe bringen ließ, als die Welt aus den Fugen geriet, ist der Grund dafür, dass Harry heute noch da ist und dass er seine Karriere nicht durch biebereske Eskapaden gefährdet hat. Auf dem Höhepunkt der Harrymania, als jede seiner Bewegungen nicht nur von seinen Fans, sondern auch von denen, die auf einen Fehler von ihm lauerten, genauestens unter die Lupe genommen wurden, merkte der Sänger selbst an: „Ich kann verstehen, wie man sich runterziehen lassen kann. Aber ich habe gute Freunde um mich herum, eine gute Familie. Ich denke, ich habe alles fest im Griff." Bis heute ist Harry trotz aller Widrigkeiten noch nicht abgestürzt. Er stellte fest: „Ruhm ist eine komische Sache. Ich habe das Gefühl, wenn man jemanden als berühmt abstempelt, nimmt man ihm viel von der Substanz, die er als Person hat. Man erinnert sich dann nicht mehr an jemanden im Sinne von ‚Er war lustig' oder ‚Sie waren wirklich nett und großzügig'. Dann heißt es: ‚Sie waren berühmt.' Und dann wird alles, was danach kommt, was auch immer man danach macht, als Misserfolg gewertet, wenn es nicht mindestens so erfolgreich ist wie zuvor. Und das ist eine Schande, denn das ist kein Misserfolg."

Als Fünftel von *One Direction* wurde Harry Styles zu einem der meistfotografierten Menschen des 21. Jahrhunderts. Die fünf waren moderne Musiklegenden, die in einer Welt von *YouTube*, TV-Gesangswettbewerben und Social Media berühmt wurden, obwohl es eigentlich ihr natürliches Charisma und ihre Ausstrahlung waren, die Millionen von Fans auf der ganzen Welt anzogen. Das Ganze dauerte fünf glorreiche Jahre an – eine lange Zeit für eine Boyband.

Harry sagte einmal: „Wir von *One Direction* lieben es, die Liebe zu feiern, und Liebe ist, was zählt." Und sollte ein passender Nachruf für die Band gesucht werden – die offiziell pausiert, obwohl ihre Bandmitglieder seit 2015 getrennte Wege gehen –, dann fasst Harrys Kommentar die

Rechts: Ein seltener Moment der Ruhe in ihrem chaotischen Zeitplan – Harry und seine Gang lassen sogar eine Pause zu machen, gut aussehen.

Karriere der Band perfekt zusammen. Da *One Direction* von Anfang an aus fünf verschiedenen, aber sich ergänzenden Persönlichkeiten bestand, die sich zu einer Einheit zusammengeschlossen hatten, war es eine Herausforderung, die Band auf lange Sicht zusammenzuhalten. Wie sich herausstellte, waren fünf Jahre die perfekte Zeitspanne für die Band, um ihre Persönlichkeiten aufeinander abzustimmen, beste Freunde zu werden, die Welt zu erobern und wieder zu gehen, bevor die Dinge unangenehm wurden, wie es so oft bei Boybands oder Bands, die zu lange zusammenbleiben, der Fall ist (ohne hier Namen zu nennen) ... Zu der Zeit, als die Band den Status „größte Band der Welt" innehatte, sagte Harry: „Wir haben Glück, dass wir uns gut verstehen. Die Beziehung, die ich zu diesen vier Jungs aufgebaut habe, die ich vor vier Jahren noch gar nicht kannte, ist der absolute Wahnsinn, es ist unglaublich."

Im Laufe von fünf Jahren haben *One Direction* alle möglichen Musikrekorde gebrochen. Aber sie haben diese Rekorde nicht einfach nur gebrochen, das wäre untertrieben: Sie stellten sechs Guinness-Weltrekorde während ihrer Amtszeit auf, ihr Debütalbum *Up All Night* war ein Bestseller und war 2011 das am schnellsten verkaufte Debütalbum in Großbritannien. Ihr zweites Album *Take Me Home*

erreichte in 34 Ländern die Spitze der Charts. Die begleitende Tournee führte sie in 100 Länder, darunter auch in die sechsmal hintereinander ausverkaufte Londoner O2-Arena – das gab es noch nie.

Ihr drittes Album *Midnight Memories* war 2013 das meistverkaufte Album der Welt. Sie verkauften weltweit mehr als 17 Millionen Tonträger, verteilt auf vier Alben. 2013 wurde ihr Dokumentarfilm *One Direction: This Is Us* ein echter Kinohit. 2014 wurden *One Direction* vom *Billboard* zum Künstler des Jahres gekürt. Zur Jahresmitte 2015 veröffentlichte die Band ihr letztes Album *Made in the A.M.*, ein weiterer, weltweiter Nummer-Eins-Hit. Zu diesem Zeitpunkt hatten sie mehr als vier Milliarden Aufrufe auf *YouTube*, hatten die Verkaufszahlen sämtlicher Boybands übertroffen und verfügten über Legionen treuer Fans, die die Fans anderer Boybands – im Vergleich dazu – blass aussehen ließen. Harry erinnerte sich: „Es gibt immer wieder Momente, in denen man sich selbst kneift, einige davon machen einen ziemlich emotional. Einen BRIT-(Award) zu gewinnen war ein großer Moment, weil wir schon so aufgeregt waren, überhaupt bei der Preisverleihung dabei zu sein. Dass unser Konzert im Madison Square Garden ausverkauft war, war auch ziemlich beeindruckend. Dann erfuhren wir auch noch, dass unsere UK-Tournee ausverkauft war. Es war verrückt."

Zum Ende des Jahres 2015 waren die fünf Jungs völlig erschöpft. Aber der Welt und ihren Fans mitzuteilen, dass es mit der Band vorbei sei, war eine Entscheidung, die sie sich gut überlegen mussten. Die Worte „unbestimmte Auszeit" wurden verwendet, um es den Fans schonend beizubringen. „Wisst ihr, ich glaube, jeder braucht jetzt eine kleine Pause, um all die großartigen Dinge, die passiert sind, zu verarbeiten", erklärte Liam Payne. In etwas mehr als fünf Jahren wurde jedes Mitglied der Band vom *X-Factor*-Teilnehmer mit einem Tagesgehalt von 30 Pfund zu einem Star mit einem Vermögen von mehr als 40 Millionen Pfund. Wie Harrys Stiefvater Robin einmal sagte: „Harry ging zu einem Vorsingen und kam nie wieder nach Hause." Jetzt wurde der ganzen Band klar, dass sie nach Hause gehen mussten. Also machten sie Schluss. Um Harry zu zitieren: Es war „aus und vorbei."

Links: Die Jungs am 6. September 2012 im Presseraum bei den MTV Video Music Awards in Los Angeles, Kalifornien.

Unten: Mit dem Erwachsenwerden der Jungen ändert sich auch ihr Modestil.

Nächste Doppelseite: *One Direction* treten am 22. Januar 2012 im HMV Hammersmith Apollo in London auf.

KAPITEL VIER

AUS UND VORBEI

AUS UND VORBEI

ENDE 2015 GING DIE NACHRICHT UM
DIE WELT, DASS *ONE DIRECTION* EINE
„LÄNGERE AUSZEIT" MACHEN WÜRDEN.
DIE FANS WAREN (UND SIND IMMER
NOCH) AM BODEN ZERSTÖRT; *ONE
DIRECTION* SIND ANSCHEINEND NICHT
MEHR DA. ABER FÜR HARRY STYLES WAR
DAS ENDE VON *ONE DIRECTION* ERST DER
ANFANG ...

Das Ende der Band war eine der traumatischsten Phasen
in der Karriere des jungen Harry. Eine Zeit, die von schwierigen Entscheidungen geprägt war; eine Zeit, in der Harry
sich der Frage stellen musste: „Was tue ich, wenn ich nicht
mehr bei *One Direction* bin?"

Im Juli 2016 verschwanden *One Direction* für eine „längere Auszeit von 18 Monaten" von der Bildfläche, mit dem
Versprechen der verbliebenen Mitglieder, dass die Band
eines Tages wieder zusammenfinden und ihre Krone als
größte Band der Welt zurückerobern würden. Über sieben Jahre später, in denen jedes Mitglied solo erfolgreich
gewesen war, ist der Zeitpunkt, an dem *One Direction*
zurückkehren könnte, höchstwahrscheinlich verstrichen.
Zumindest scheint es, als ob sie nicht mehr wiederkom-
men würden ...

„Bitte vergesst uns nicht, wir werden immer für euch da
sein, ihr seid die unglaublichsten Fans", sagte Harry, als
One Direction im Dezember 2015 nach ihrer letzten Show
bei *The X Factor* die Bühne verließen. Für die Band aus
singenden Außenseitern hatte sich der Kreis seit jenem legendären Moment im Jahr 2010, als sie auf derselben Bühne gegründet wurde, geschlossen.

Rechts: Da waren's nur noch vier: Die Band spielt am 31. Oktober 2015 ihre letzte Live-Show
in der Sheffield Arena.

Die Band hörte auf, als sie an der Spitze ihrer Karriere waren. Sie hätten gar nicht weiter aufsteigen können – sie hatten alles erreicht, was möglich war, und noch vieles mehr.

„Es ist wirklich schwer, von einer Show mit Tausenden von Menschen in dein Hotelzimmer zurückzukehren, wo niemand ist", sagte Harry, unmittelbar nachdem *One Direction* sich zum (vielleicht) letzten Mal verbeugt hatte. Er fuhr fort: „Nach fünf Jahren habe ich eine Menge über mich selbst gelernt. Es gibt kein Lehrbuch, das einem sagt, wie man so etwas durchsteht."

Als das Ende der Band nahe war, war das Leben on tour ermüdend geworden. Harry beschrieb es treffend: „Das Leben mit *One Direction* war wie ein Wes-Anderson-Film geworden. Schnitt. Schnitt. Neuer Drehort. Schneller Schnitt. Neuer Drehort. Schnitt. Schnitt. Show. Duschen. Harter Schnitt. Schlafen." Die Monotonie des Tourlebens war zu harter Arbeit geworden und die Band drohte auszubrennen, sowohl als Individuen als auch als Freunde.

Das Ende von *One Direction* nahm, wie jeder weiß, mit dem Ausstieg von Zayn Malik im März 2015 seinen Lauf. Rückblickend ist klar, dass Zayn während seiner Zeit bei *One Direction* viele Ängste ausgestanden hatte: Er litt unter Lampenfieber und Essstörungen, er fühlte sich unwohl dabei, die Songs anderer Leute zu singen, und sich

selbst fehl am Platz. Für Zayn war *One Direction* zugleich ein Fluch und ein Segen.

„Nach fünf unglaublichen Jahren hat Zayn Malik beschlossen, *One Direction* zu verlassen", begann die offizielle Ankündigung von Zayns Ausstieg. „Niall, Harry, Liam und Louis werden als vierköpfige Band weitermachen und freuen sich auf die bevorstehenden Konzerte ihrer Welttournee und die Aufnahme ihres fünften Albums, das im Laufe des Jahres erscheinen soll." Direkt darunter postete Zayn seine eigenen Worte: „Mein Leben mit *One Direction* war großartiger, als ich es mir je hätte vorstellen können. Aber nach fünf Jahren habe ich das Gefühl, dass es jetzt der richtige Moment für mich ist, die Band zu verlassen. Ich möchte mich bei den Fans entschuldigen, falls ich jemanden enttäusche, aber ich muss tun, was sich in meinem Herzen richtig anfühlt. Ich verlasse die Band, weil ich ein normaler 22-Jähriger sein möchte, der sich entspannen und etwas private Zeit abseits des Rampenlichts verbringen möchte. Ich weiß, dass ich in Louis, Liam, Harry und Niall vier Freunde fürs Leben habe. Ich weiß, dass sie auch weiterhin die beste Band der Welt sein werden."

Diese Aussage sollte für mehr als ein Jahr die einzige Äußerung von Zayn bleiben. Bis zum letzten TV-Auftritt der Band im Dezember 2015 hielten sich die übrigen vier

Mitglieder bedeckt, was den Ausstieg des fünften Mitglieds betraf. Tatsächlich stand der einzige Kommentar auf ihrer *Facebook*-Seite: „Wir sind wirklich traurig, dass Zayn geht, aber wir respektieren seine Entscheidung voll und ganz und wünschen ihm alles Gute für die Zukunft. Die letzten fünf Jahre sind einfach unglaublich gewesen, wir haben so viel zusammen durchgemacht. Wir werden immer Freunde bleiben. Wir vier werden jetzt weitermachen. Wir freuen uns darauf, das neue Album aufzunehmen und auf der nächsten Welttournee alle Fans live wiederzusehen."

Manche haben zwischen den Zeilen gelesen. Es war klar, dass nicht alles, was zwischen den fünf Jungs gesprochen worden war, öffentlich gemacht wurde, schon allein weil Simon Cowell das letzte Wort bei der offiziellen Pressemitteilung hatte: „Ich möchte mich bei Zayn für alles bedanken, was er für *One Direction* getan hat. Seit ich Zayn 2010 zum ersten Mal getroffen habe, ist er mir sehr ans Herz gewachsen – und ich bin unheimlich stolz auf ihn. Ich habe gesehen, wie er an Selbstvertrauen gewonnen hat, und es tut mir wirklich leid, dass er uns verlässt. Die Fans von *One Direction* können sich aber sicher sein, dass Niall, Liam, Harry und Louis sich riesig auf die Zukunft der Band freuen."

Erst im Januar 2016, mit der Veröffentlichung von Zayns Debütsingle *Pillowtalk*, sprach der Sänger über die wahren Gründe, warum er die Band verlassen hatte: „Es gab für mich keinen Raum, um kreativ zu experimentieren. Wenn ich eine Zeile oder eine Strophe etwas R&B-mäßig sang oder mehr in meinem Stil, wurde das immer 50-mal aufgenommen, bis es eine simple und saulangweilige Pop-Version gab, die sie dann verwenden konnten. Immer wenn ich etwas vorschlug, hieß es, dass es nicht zu uns passt … Ich stand nicht zu 100 Prozent hinter der Musik. Das war nicht ich." Im Interview mit Zane Lowe für Beats 1 Radio hielt sich Malik nicht zurück: „Ich glaube, ich wollte schon immer gehen, schon im ersten Jahr. Ich wollte nie wirklich bei der Band dabei sein. Ich habe es einfach ausprobiert, als der Zeitpunkt kam, und als ich dann die Richtung sah, in die wir mit der Musik gingen, war mir sofort klar, dass das nichts für mich ist. Mir wurde klar, dass ich nichts dazu beitragen konnte, dass ich meine Meinung nicht dazu sagen konnte, weil es nicht zu dem passte, wer wir als Band waren und was wir repräsentierten. Ab dann wurde es frustrierend für mich. Als ich die Band verließ, wollten sie nicht, dass ich gehe, aber sie konnten es mir damals auch

Links: Harry tritt am 2. Dezember 2015 bei der 99.7's NOW! Triple Ho Show in San Jose, Kalifornien, auf.

Unten: *One Direction* nehmen am 10. Dezember 2015 stilvoll an den BBC Music Awards in der Genting Arena in Birmingham teil.

nicht mehr ausreden. Ich hatte mich bereits entschieden."

Die Fans waren bestürzt über Zayns Kommentare. Auch seine ehemaligen Bandkollegen waren fassungslos über seinen Verrat. Harry meldete sich als Erster mit einer Antwort: „Ich finde es schade, dass er so empfunden hat, aber ich wünsche jedem, der das tut, was er liebt, nichts als Glück. Wenn einem etwas keinen Spaß macht und man etwas anderes machen muss, sollte man das unbedingt tun. Ich bin froh, dass er macht, was er mag, und wünsche ihm viel Glück – ist doch klar. Wenn man hört, dass jemand so etwas durchgemacht hat, hat man immer das Gefühl, dass man es hätte wissen müssen, damit man etwas hätte tun können. Aber so läuft das nicht immer, nicht wahr?

Genauso wie ich nicht über alles rede, reden andere Leute auch nicht immer über alles. Das ist vielleicht ihre Art, mit Dingen umzugehen."

Zayn griff sich Harry heraus und machte eine bissige Bemerkung über ihr Verhältnis: „Um ehrlich zu sein, ich habe nie wirklich mit Harry gesprochen, selbst als ich in der Band war ... Also habe ich eigentlich keine besonderen Ansprüche an unser Verhältnis gehabt." Während des letzten Jahres des Tourplans der Band und nach der Veröffentlichung von *Midnight Memories* wurden viele Berichte über Harrys und Zayns „Zerwürfnis" veröffentlicht, die jedoch unbegründet waren. Die Geschichten wurden vom Management der Band heruntergespielt – zweifellos in dem Bestreben, die Fans zu beruhigen, die bereits durch Zayns Weggang verunsichert waren. Wie bei der Trennung von *Take That* in den 1990ern, als eine Telefonhotline eingerichtet worden war, um den Fans zu helfen, mit der Trennung umzugehen, sorgte sich das Management um das Wohlergehen der Fans.

Oben: Wenn Blicke töten könnten: Harry schmollt bei den BBC Music Awards in Birmingham, 2015.

Rechts: Harry am 1. Dezember 2014 auf dem roten Teppich bei den British Fashion Awards in London.

Die vier verbleibenden Mitglieder der Band schwiegen zunächst über Zayns Ausstieg (abgesehen von ihrem *Facebook*-Post), bis sie in der *Late Late Show* von James Corden auftraten. Liam sagte: „Zuerst waren wir ein bisschen wütend; wir waren überrascht. Ich glaube, wir wussten alle, wie Zayn sich grundsätzlich fühlte. Das konnte man irgendwie spüren. Es gab bestimmte Dinge in diesem Job, die Zayn liebte, und es gab andere Dinge ... wir waren zuerst wütend und dann waren wir eher enttäuscht. Wir wünschen ihm viel Glück bei allem, was er vorhat. Wir sind nicht böse. Es waren ein paar harte Wochen, wahrscheinlich die härtesten, seit die Band vor fünf Jahren gegründet

wurde. Wir sind bestürzt, dass Zayn sich entschieden hat, die Band zu verlassen, aber jetzt, nach ein paar Auftritten zu viert, fühlen wir uns zuversichtlich und sind fester denn je entschlossen, weiterzumachen."

Nachdem Zayn weg war – trotz der Berichte der Boulevardpresse, in denen er behauptete: „Ich habe versucht, Kontakt zu halten und ihr Freund zu bleiben, aber sie haben auf meine Anrufe oder SMS nicht einmal geantwortet" –, wussten die vier Jungs, dass sie noch härter arbeiten mussten, um füreinander stark zu bleiben. Harry sagte: „Das Gute daran war, dass es uns wirklich zusammengeschweißt hat. Dadurch wurde uns bewusst, was wir hatten

und dass wir es behalten wollten. Außerdem konzentrierten wir uns darauf, das bestmögliche Album zu machen. Man macht als Band so viel gemeinsam durch, was keiner so richtig versteht, aber letztendlich bringt es einen nur näher zusammen."

Natürlich konnte die Band nach Zayns Ausstieg nicht einfach so zu viert weitermachen. Liam war zunächst optimistisch und meinte: „Du weißt erst, wie stark du bist, wenn du ins kalte Wasser geworfen wirst. Wir wurden auf die Probe gestellt, aber das hat uns eigentlich stärker gemacht. Unsere Fans haben uns vor allem viel Kraft gegeben. Sie haben uns nie aufgegeben und nie geglaubt, dass es wirklich vorbei ist. Es ist nicht vorbei. Und ja, wir machen eine Pause, aber wir brauchen sie auch. Wir haben vier Tourneen hinter uns und fünf Alben. Aber wir werden zurückkommen. Wir wollen nicht, dass es vorbei ist."

Die verbliebenen vier Mitglieder mussten tief in sich gehen, sich aufraffen und wieder zu sich selbst finden. Immerhin hatten sie eine Tournee zu absolvieren und ein neues Nummer-Eins-Album (*Made in the A. M.*) zu promoten. Aber das Ende war nah. Jeder konnte es spüren.

Während der ersten Welttourneen hatte sich die Band so sehr darauf gefreut, gemeinsam die Welt zu erobern, dass sie gar nicht merkten, wie emotional anstrengend das war. Sie genehmigten sich den ein oder anderen Drink und gingen so oft wie möglich auf Partys. Harry meinte 2017 in einem Interview: „Aber für mich wurde es schwieriger, die hohen Tonlagen zu singen, also wusste ich, wenn ich nicht von der Bühne direkt ins Bett gehe, kann ich am nächsten Abend nicht mehr singen. Außerdem ist das einfach nichts für mich. Ich wache lieber mit einem klaren Kopf auf."

Für Harry ging es im Januar 2016 darum, nach der Trennung von *One Direction* mit einem klaren Kopf aufzuwachen und einen Neujahrsvorsatz zu fassen.

Oben: Wieder auf Tour am 25. August 2015 im Miller Park Stadion in Milwaukee (USA).

Rechts: Harry hält stolz den Künstler des Jahres-Preis für *One Direction* bei den American Music Awards am 22. November 2015 in den Händen.

Nächste Doppelseite: Das letzte Konzert in der Sheffield Arena am 31. Oktober 2015.

„In unserer Frei-
zeit sitzen wir
rum, ich spiele
Gitarre und wir
jammen ein-
fach so, aber
das Album,
das wir im Mo-
ment machen,
ist ein bisschen
edgy."

"

Ich wollte unsere Fans nicht auslaugen. Wenn man nicht weit vorausblickt, könnte man denken: ‚Lasst uns einfach weitertouren', aber uns allen war die Band zu wichtig, als dass wir das zulassen wollten. Du merkst, dass du erschöpft bist, und du willst den Glauben der Leute an dich nicht zerstören.

„

Während des letzten Albums und der *Where We Are*-Welttournee kamen Gerüchte auf, Harry hätte einen Plattenvertrag unterschrieben und wäre mit Ryan Tedder, dem Songwriter der Stars, im Studio gewesen.

Im Juli 2016 wurde dann bekannt gegeben, dass Harry einen rekordverdächtigen Plattenvertrag – 80 Millionen Pfund für fünf Alben mit Columbia Records – unterzeichnet hat. Ein Manager von Harrys neuer Plattenfirma behauptete: „Harry war schon immer das beliebteste Bandmitglied von *One Direction* und es ist naheliegend, dass wir ihn halten wollen. Er ist weltweit ein Superstar. Zayn wird zuerst ein Album veröffentlichen, da er die Band schon früher verlassen hat, aber am spannendsten ist die Frage, was Harry machen wird. Alle wollen wissen, wie sein Solomaterial klingen wird, und der Druck, es richtig zu machen, ist groß. Harry ist ein kluger Typ und versteht es wirklich gut, sich mit talentierten Leuten zu umgeben."

Es hieß nun, dass dies das endgültige Ende der Band sei. War Harrys Plattenvertrag, gefolgt von der Ankündigung von Liams Soloplattenvertrag kaum zwei Wochen später, der letzte Nagel zum Sarg der Band? Jedes Bandmitglied hat kategorisch bestritten, dass dies das Ende von *One Direction* sei, obwohl Louis äußerte: „Es war nicht unbedingt eine nette Unterhaltung. Ich konnte sehen, worauf es hinauslief." Harry, Liam und Niall hatten Soloprojek-te. Während Louis sich eine Auszeit nahm, um Vater zu sein, ein bisschen beim Fernsehen zu arbeiten und den Tod seiner Mutter zu verarbeiten. Aber die Gerüchte über eine Wiedervereinigung waren aus allen Lagern zu hören. Niemand hat sich geäußert und die Angelegenheit geklärt, und selbst Simon Cowell wurde im Dunkeln gelassen. In einem Interview mit *Billboard* sagte er: „Ich weiß nicht, ob es eine Pause oder eine Trennung ist, um ehrlich zu sein. Irgendwie will ich das gar nicht wissen. Ich glaube nicht, dass sie genug Zeit hatten, um herauszufinden, wie es ist, nicht in der Band zu sein, um das wirklich beantworten zu können. Immer, wenn ich bei ihnen war, haben wir darüber gesprochen, und ich konnte nicht mit ihnen streiten. Sie hatten in kurzer Zeit so viel erreicht, und ich wollte nicht, dass sie abstumpften. Je älter ich geworden bin, desto mehr habe ich gelernt, den Menschen zu vertrauen, insbesondere den Künstlern. Sie werden entscheiden, wann sie zurückkommen wollen."

Sollte die Band jemals zurückkehren, wäre das mit Sicherheit die heißeste Nachricht aller Zeiten. Aber da jedes Bandmitglied seinen eigenen Weg geht und von Jahr zu Jahr beschäftigter zu sein scheint, ist das trotz des allgegen-

Oben: Harry rockt am 31. Dezember 2016 in Dick Clark's New Year's Rockin' Eve, moderiert von Ryan Seacrest.

„Das Schöne für mich ist, dass ich die Band nicht mit dem Gefühl verlasse, dass ich nicht tun konnte, was ich tun wollte. Ich habe es geliebt und es war das, was ich wollte, aber im Moment genieße ich das Schreiben; probiere neue Dinge aus."

wärtigen Presserummels äußerst unwahrscheinlich.

„Sag niemals nie" ist die optimistische Phrase, die alle Bandmitglieder benutzen. Harry hat gesagt: „Als wir anfingen, fragten uns die Leute immer, wo wir in fünf Jahren sein würden. Das ist eine schwer zu beantwortende Frage. Ich würde nie sagen, dass wir nie wieder was zusammen machen werden, aber es ist gut für uns, dass wir verschiedene Dinge ausprobieren. Vielleicht werden wir alle irgendwann wieder ein gemeinsames Projekt machen wollen, aber es wäre besser, wenn sich das von selbst ergibt, so nach dem Motto: ‚Hey, wir alle wollen das wirklich wieder machen.' Wenn das passieren würde, wäre das fantastisch. In dieser Band zu sein, war das Wichtigste und Tollste, was mir je passiert ist. Es hat mein Leben komplett verändert. Aber im Moment bin ich ziemlich glücklich. Ich bin zufrieden mit allem, was ich mit der Band erlebt habe; ich beklage mich nicht und bedaure nichts."

Nicht nur Harry ist vorsichtig interessiert an einer Reunion. Die anderen Mitglieder haben alle erklärt, dass sie eine Wiedervereinigung in der Zukunft nicht ausschließen würden. „Ich habe meinen Managern von Anfang an gesagt: Wenn *One Direction* anklopft, dann ist mir wurscht, was ich gerade mache. Es ist mir scheißegal, ob ich in ausverkauften Arenen spiele oder Grammys gewonnen habe. Ich würde das hier nicht machen, wenn es *One Direction* nicht gäbe", sagte Niall scherzhaft, fügte aber hinzu: „Wann das sein wird, weiß ich nicht. Am besten nicht erst, wenn ich 40 bin, lieber in den nächsten paar Jahren."

Auch Louis war sich sicher, dass es eine Rückkehr geben wird: „Es ist keine Frage des Ob – es ist ein Muss. Und ich glaube, da sind wir uns alle einig. Es wäre für jeden von uns zu schwer, da „Nein" zu sagen. Es ist so frustrierend, wenn ich in der Presse Geschichten lese, dass wir uns angeblich nicht mögen. Ich bin für alle Jungs wie ein großer Bruder. Wenn ich Videos sehe, in denen Niall in einem Stadion spielt oder Harry bei einer Filmpremiere neben Leuten wie Tom Hardy steht, bin ich einfach so stolz. Das ist großartig."

Zayn hat erklärt: „Wer weiß? Ich weiß es nicht, wenn der richtige Moment kommt, treffe ich die Entscheidung, wenn es so weit ist." Das ist kein Nein, und das stellt die Fans erst einmal zufrieden. Und obwohl die Frage, ob wir diese fünf berühmten Freunde jemals wieder zusammen in einem Raum sehen werden, niemand beantworten kann, sind zumindest alle, laut Harry, immer noch Freunde: „Jeder arbeitet im Moment so viel, aber ich habe sie gesehen und wir haben zusammen abgehangen."

One Direction hat sich zwar aufgelöst, doch Harry Styles ganz eigene neue Karriere stand in den Startlöchern. 2016 war das Jahr, in dem er sich neu erfunden hat. Zunächst war die Zeit jedoch reif für eine wohlverdiente Auszeit.

Aber wie wir wissen, ist Harry nicht glücklich, wenn er nicht beschäftigt ist. Und für Harry heißt das, dass er mal bei Modeschauen auftaucht oder Nick Grimshaw in seiner BBC-Radioshow besucht. Harry sagte über seine Auszeit: „Ich bin gern beschäftigt und treffe mich mit meinen Freunden. Ich frage mich ständig, ob ich mir die-

Links: Harry zeigt seine Starpower bei den American Music Awards am 22. November 2015.

„Ich habe mich immer gefragt, wie Harrys Gehirn funktioniert. Er ist wie ein schräger Comedian."

NIALL HORAN

„Ich liebe die Band und würde für die Zukunft nie etwas ausschließen. Die Band hat mein Leben ver-ändert, mir alles gegeben."

se tollen Serien ansehen soll, von denen alle reden und die ich verpasst habe, wie z. B. *Mad Men* und *Breaking Bad*, oder ob ich einfach weitermachen soll." Er hat weitergemacht. Aber nicht so, wie man es erwartet hätte. Während seine ehemaligen Bandkollegen sich auf ihre Soloplatten konzentrierten und sich auf ihre eigenen Tourneen vorbereiteten, beschloss Harry – was typisch für ihn ist – etwas anderes zu machen. Er erklärte: „Ich habe Ende Februar 2016 für drei Wochen mit meinem Album begonnen und musste dann fünf Monate lang pausieren, um einen Film zu drehen. Im Juli habe ich dann wieder daran gearbeitet und es im Dezember fertig geschrieben." Aber dieser Film war nicht irgendeine romantische Schnulze oder ein Indie-Hipster-Film, sondern Christopher Nolans epischer Zweiter-Weltkriegs-Blockbuster *Dunkirk*. Die Welt sollte Harry Styles danach in einem völlig neuen Licht sehen ...

Linke Seite, links: Harry und die Jungs rocken am 31. Dezember 2015 bei Dick Clark's New Year's Rockin' Eve 2016 mit Ryan Seacrest.

Linke Seite, rechts: Stolz präsentiert Harry, der Schauspieler, am 16. Juli 2017 seinen ersten Film *Dunkirk*.

Rechts: Harry kommt am 12. Mai 2017 in den BBC Radio 2 Studios in London an, um sein Album in der Show von Nick Grimshaw zu promoten.

KAPITEL FÜNF
DIE VERWANDLUNG VON HARRY STYLES

DIE VERWANDLUNG VON HARRY STYLES

HARRY STYLES, DER NAME IST PROGRAMM. HARRY WAR SCHON IMMER DAS STYLISCHSTE MITGLIED DER BAND UND HAT IN DEN LETZTEN JAHREN EINIGE AUSSERGEWÖHNLICHE, GEWAGTE UND EXZENTRISCHE OUTFITS GETRAGEN, FÜR DIE ER AUCH BERÜHMT GEWORDEN IST. AUF SEINER SOLOTOURNEE 2017 TRUG ER JEDEN ABEND EINE UNTERSCHIEDLICHE AUSWAHL NEUER ANZÜGE.

2013, als Harry 19 Jahre alt wurde, begann das ungestüme Wunderkind von *One Direction*, sich vom Boygroup-Image zu lösen. Er ließ seine Jack-Wills-T-Shirts und Khakihosen hinter sich, warf seine Kapuzenpullis und Jogginganzüge weg und setzte nun auf *Gucci*, *Burberry* und *Saint Laurent*. Der Sänger legte sich immer mehr Tätowierungen zu (inspiriert von seinem Idol David Beckham und seinem engen Freund Ed Sheeran), von denen er inzwischen mehr als 50 hat. Seine langen, zerzausten Haare sorgten überall für Aufsehen, und es war klar, dass Harry als Individuum wahrgenommen werden und sich von seinen Kollegen abheben wollte – vielleicht wollte er sogar eine Art Modeikone werden. Mit einer riesigen Auswahl an schicken bedruckten Satinhemden, Lederstiefeln, Seidenschals, Smokingjacken und rosafarbenen Anzügen war Harry immer passend gekleidet und trug auch High Heels. Bei jeder Premiere, Aftershow oder Modenschau beeindruckte er mit seinen Outfits.

Diese Seite: Harry, der *X-Factor*-Finalist, kommt am 13. Oktober 2010 in einem Tanzstudio in London an.

Rechts: Hollywood-Harry erscheint am 17. Mai 2017 bei SiriusXM im Roxy Theatre in Kalifornien.

„Ich liebe Accessoires genauso wie jeder andere Mensch."

„Ich möchte mir die Haare abrasieren, aber das lässt niemand wirklich zu. Alle sagen mir, ich soll es nicht tun. Aber mein Standpunkt ist, dass meine Popularität mit meinem Gesicht zu tun hat und nicht mit meinen Haaren.“

Harrys modisches Faible färbte auf seine Bandkollegen ab, aber Harry war den anderen immer weit voraus und weigerte sich, einem bestimmten Image zu entsprechen. Seine Fans lieben ihn für seine Unabhängigkeit, seine Individualität und seine Fähigkeit, alles tragen zu können, was er anzieht. Seine Kleidung ist zu einer Metapher für seine Persönlichkeit geworden. 2014, als die Band auf ihre *Where We Are*-Welttournee ging, sah man Harry eigentlich immer in seinen besten Outfits. Er wusste, dass die Leute ihn anstarren würden, also dachte er sich, dass er ihnen genauso gut etwas Tolles zum Anstarren bieten könnte!

Um Harrys Ausflug in die Modewelt offiziell zu machen, wurde er 2013 – und zwar vom Publikum – zum Gewinner der British Style Awards gewählt. Damit machte er David Beckham, Kate Moss, der Herzogin von Cambridge und Cara Delevingne die Krone streitig. Mit der Auszeichnung soll eine Person gewürdigt werden, „die den Spirit Londons am besten verkörpert und ein internationaler Botschafter für London als führende kreative Modemetropole ist“. Wir finden: Das beschreibt Harry perfekt! Als er den Preis entgegennahm, hielt er seine Rede kurz und bündig: „Das ist sehr, sehr nett.“

Links: Am 6. Juni 2015 gibt sich Harry, der Hipster, beim Capital FM's Summertime Ball im Wembley-Stadion in London ganz lässig.

Oben: Auf der Straße gesichtet am 20. Januar 2016 in Los Angeles, Kalifornien.

KAPITEL SECHS

EINE NEUE RICHTUNG

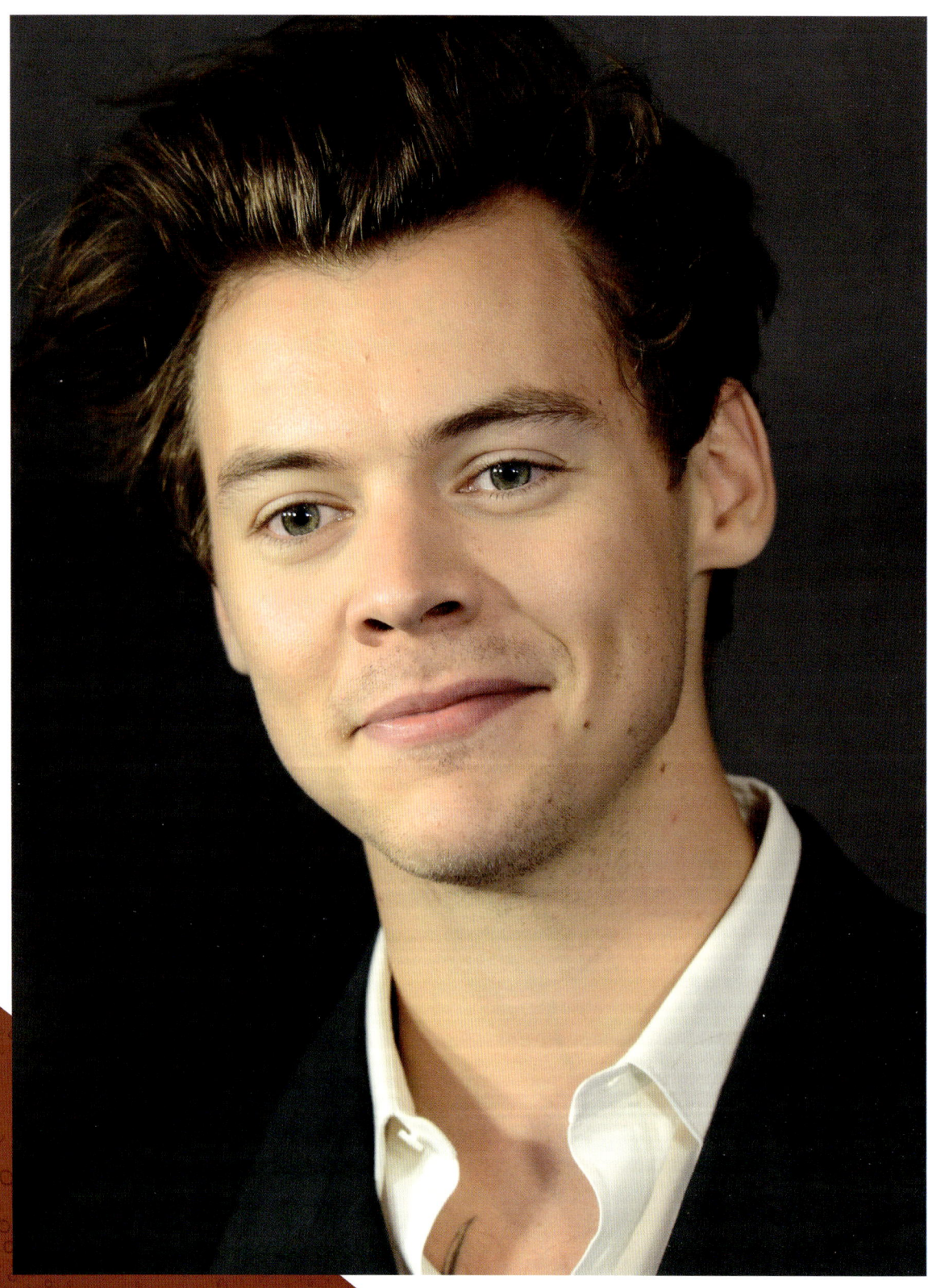

EINE NEUE RICHTUNG

SÄNGER, SCHAUSPIELER, FASHION-IKONE, BEI HARRY STYLES SIEHT DAS ALLES
SO EINFACH AUS. DOCH NOCH EINE WEITERE ROLLE KAM FÜR HARRY HINZU – DIE
DES SONGWRITERS. SEIT DEN ANFÄNGEN VON *ONE DIRECTION* HAT HARRY IMMER
WIEDER AN DEN GRÖSSTEN HITS MITGESCHRIEBEN, AUCH WENN IHM DIE ERFAHRUNG
UND DAS SELBSTVERTRAUEN FEHLTEN. UND MIT DER VERÖFFENTLICHUNG SEINES
DEBÜTALBUMS IM JAHR 2017 WAR KLAR, DASS MIT HARRY AUCH ALS SONGWRITER
ZU RECHNEN IST. DOCH HARRY INTERESSIERTE SICH NICHT NUR FÜR MUSIK.
AUCH DIE SCHAUSPIELEREI SPIELTE EINE WICHTIGE ROLLE IN DER VERWANDLUNG
DES JUNGEN SÄNGERS VON EINER *ONE-DIRECTION*-MARIONETTE IN ETWAS
GRÖSSERES – DA STAUNTEN SOGAR SEINE SCHÄRFSTEN KRITIKER! HARRY STYLES
IST HEUTE EIN GESCHÄFTSMANN, EINE MARKE UND EIN ERFOLGREICHER
SOLOKÜNSTLER – DER BERÜHMTESTE HARRY DER WELT (SORRY, POTTER-FANS).

2017, im relativ jungen Alter von 23 Jahren, begann die Karriere von Harry Styles in der Welt der Superstars. Er war gerade einmal 16 Jahre alt, als er 2010 bei *The X Factor* vorsang, um in das Pop-Universum einzutreten. Heute hat er mehr als 15 Millionen *Facebook*-Fans, mehr als 22 Millionen Follower auf *Instagram* und 31 Millionen *Twitter*-Fans, die auf jedes einzelne seiner 140 Zeichen warten. In den fünfeinhalb Jahren ihres Bestehens haben *One Direction* mehr als 20 Millionen Alben verkauft. Allerdings war klar, dass all diese Erfolge auf ewig mit der Reaktion seiner Fans auf sein Solo-Debütalbum, das im Mai 2017 erschien, verglichen werden würde. Zum Glück erreichte es in der ersten Woche die höchsten Verkaufszahlen in den USA, die je ein männlicher britischer Solokünstler erzielt hat – und sicherte Styles einen festen Platz im Pantheon der Pop-Größen.

Zum ersten Mal in seiner Karriere war Harry nun auf sich allein gestellt und hatte bei allen Aspekten seiner Musik das Sagen – von der Wahl der Bühnenkleidung über das Design des Albumcovers bis hin zur Teilnahme an Promotionsveranstaltungen und Geschäftstreffen. Obwohl er ein Team von „unglaublichen Leuten" um sich herum hat, die ihm helfen, kluge Entscheidungen zu treffen, hatte Harry nun das letzte Wort. Er stand nicht mehr unter dem Schutz des Managements oder anderer Bandmitglieder, sondern traf eigenständig die Entscheidungen, die seine Zukunft betrafen und beeinflussten. Für Harry war es nervenaufreibend, aber es war an der Zeit, erwachsen zu werden und der Welt zu zeigen, was er kann. „Ich habe so etwas noch nie gemacht, alles ging durch meine Hände, und das war gut. Seit ich 16 war, wurden alle meine Entscheidungen von einer Gemeinschaft getroffen.

Links: Bei der Vorpremiere von *Dunkirk* im BFI Southbank sieht Harry sehr erwachsen aus, 13. Juli 2017.

Ich hatte das Gefühl, dass es an der Zeit war, eine Entscheidung über die Zukunft zu treffen ... und dass ich mich vielleicht nicht auf andere verlassen sollte. Ich wollte selbst aktiv werden." Von seiner Kleidung bis zum Farbschema seines Albumdesigns – Harrys Handschrift ist überall zu spüren. Harry berichtete über die Wahl der Typografie für das Cover seines Debütalbums, eine wichtige ästhetische Designentscheidung für seine Marke: „Sie schicken dir eine Schriftart, und du denkst: ,Hey, das ist nicht die richtige Schriftart!' Und eigentlich hast du gedacht, dass dir Schrifttypen egal sind. Und plötzlich hast du das Gefühl, die Fäden in der Hand zu haben ... und dann merkst du, wie wichtig dir die Schriftarten plötzlich sind."

Am 12. Mai 2017 wurde Harry Styles vom Boyband-Herzensbrecher zum erfolgreichen männlichen Künstler. Nach 12 Monaten Vorbereitungszeit veröffentlichte der Sänger sein Debütalbum mit zehn Songs. Um zu beweisen, dass er endlich als eigenständiger Künstler angekommen war, nannte er das Album kurz und schmerzlos *Harry Styles*. Das war nicht nur ein Albumtitel – es war eine Erklärung, dass der wahre Harry Styles nun erwacht war. Er sagte: „Dieses Album hat mich erkennen lassen, dass der Harry in *One Direction* eine Art digitalisierter Harry war, fast wie eine Spielfigur. Ich glaube nicht, dass die Leute viele der Seiten von ihm kennen, die auf diesem Album zu hören sind. Man legt es auf und die Leute denken: ,Das ist Harry Styles?'"

Es versteht sich von selbst, dass das Album direkt auf Platz Eins landete und ein großer Erfolg bei Harrys treuer Fangemeinde wurde, die an der Seite des Sängers aufgewachsen ist und bereit war, seinen reduzierten Stil und seinen „natürlichen" Sound zu schätzen. Vorbei ist es mit den pulsierenden Pop-Beats und den zuckersüßen Texten, die für *One Direction* charakteristisch gewesen sind. An ihre Stelle treten nun filigrane Akustikgitarren, versponnene, von Liebeskummer geprägte Texte und ein ernsthaftes Songwriting, das Harrys einzigartige Persönlichkeit zum Ausdruck bringt. Mit reifen Songs und vielen Anspielungen auf die Künstler, die das goldene Zeitalter des Rock und Pop in den 1960er- und 70er-Jahren geprägt haben, repräsentiert *Harry Styles* den Sound von heute; und zwar so, wie er es will – und nicht, wie andere Leute es von ihm erwarten.

Rechts: Harry trifft Harry! *Dunkirk*-Weltpremiere am 13. Juli 2017 im Odeon am Leicester Square in London.

Nächste Doppelseite: Bei der iHeartRadio-Album-Release-Party seines Debütalbums in New York am 8. Mai 2017 steht er im Rampenlicht.

Im April 2017 sagte er dem *Rolling Stone:* „Ich wollte nicht mein erstes Album rausbringen und alle Kritiker dann so: ‚Er hat versucht, die Sechziger, Siebziger, Achtziger, Neunziger Jahre wieder aufleben zu lassen.' Damals wurde eine Menge toller Musik geschrieben, aber ich wünsche mir nicht, dass ich damals gelebt hätte. Ich wollte etwas machen, das nach mir klingt; ich blicke nach vorne."

Das Album wurde im Laufe des Jahres 2016 aufgenommen, zwischen Harrys Vorsprechen und seinem von der Kritik gefeierten Auftritt als Alex in Christopher Nolans Film *Dunkirk.* Tatsächlich behauptete Harry, dass ihm die Schauspielerei geholfen habe, seinen musikalischen Solopfad zu finden. „Eine Zeit lang dachte ich nur daran, wie das Album werden würde. Der Film gab mir die Möglichkeit, für eine Weile komplett davon wegzukommen und eine echte Pause einzulegen", sagte er. Diese Pause bzw. Ablenkung vom Musikschreiben und dieses Engagement für eine andere Kunstform haben Harry neue Einflüsse und lyrische

Inspirationen gebracht, die das Album letztlich geprägt und ihm eine einzigartige und natürliche Note verliehen haben. In den sechs Monaten, in denen Harry und sein Filmcharakter Alex ein und dieselbe Person waren, die erschöpft am Strand der nordfranzösischen Küste ausharrte, wuchs Harrys Selbstvertrauen und er erkannte, dass er sich von allem Bekannten lösen musste, um seinen eigenen Sound aufnehmen zu können. „Ich wollte mir nicht einfach einen Sound aussuchen und zehnmal das Gleiche schreiben", sagte er. Also rasierte er sich seine berühmten, markanten langen Locken ab, spielte die Rolle des Alex und ging dann mit seiner neuen Band nach Jamaika. Dort wurde *Harry Styles* geboren.

Als Harry und seine Band fast unmittelbar nach *Dunkirk* auf Jamaika ankamen, hatten sie den Masterplan, Har-

---

Oben: Harry am 16. Juli 2017, nachdenklich während eines Fototermins für *Dunkirk* vor dem Kinostart des Films.

„

Weibliche Fans im Teen-
ageralter lügen nicht.
Wenn sie dich mögen,
sind sie da. Sie tun nicht so,
als wären sie ‚zu cool'.
Sie mögen dich, und das
sagen sie dir.

"

ry als den Frontmann zu präsentieren, den er sich selbst wünschte. Alex Salibian (Gitarre, Keyboard und Produktion), Mitch Rowland (Gitarre und Produktion), Clare Uchima (Keyboard), Sarah Jones (Schlagzeug) und Adam Prendergast (Bass) gingen zusammen mit Jeff Bhasker, Tyler Johnson, Ryan Nasci und anderen Produzenten auf eine gemeinsame Reise. Sie versuchten gemeinsam herauszufinden, was genau Harry wollte.

Bei der Vorstellung des Albums sagte Harry: „Ich wollte einen Teil von mir zeigen, den ich noch nie zuvor gezeigt hatte. Ich wollte nicht irgendwelche Geschichten schreiben; ich wollte meine Geschichten schreiben; über Dinge, die mir passiert sind. Das Wichtigste war, dass ich ehrlich sein wollte. Das habe ich vorher noch nie gemacht."

Nachdem er fünf Jahre lang überwiegend Songs anderer Songwriter gesungen hatte, hatte Harry von Anfang an eine Vision für sein erstes Soloprojekt. Zum ersten Mal in seiner professionellen Musikkarriere konnte Harry seine Stimme nutzen, um sein wahres Ich auszudrücken: „Ich glaube nicht, dass die Leute hören wollen, wie ich über Bar-Besuche singe und wie toll alles ist. Champagnerkorken knallen lassen ... wer will das schon hören? Ich will nicht hören, wie meine Lieblingskünstler über all den tollen Scheiß reden, den sie machen können.

Rechts: „Rosa ist die wahre Farbe des Rock 'n' Roll": Harrys zuckerwatterosafarbener Anzug kommt bei den Fans in der *Today Show* in New York gut an.

TRACKLIST
Was ist dein Lieblingstitel?

Meet Me In The Hallway
Sign of the Times
Carolina
Two Ghosts
Sweet Creature
Only Angel
Kiwi
Ever Since New York
Woman
From The Dining Table

Ich will hören: ‚Wie hast du dich gefühlt, als du allein in diesem Hotelzimmer warst, weil du dich entschieden hast, allein zu sein?' Bei diesem Album habe ich nicht einfach nur erzählt, was passiert ist, sondern ich habe darüber nachgedacht, wie ich mich in dem Moment gefühlt habe."

Das Album, das Harry in Zusammenarbeit mit den Produzenten und Songwritern Jeff Bhasker, Tyler Johnson, Ryan Nasci, Mitch Rowland und Alex Salibian geschrieben hat, umfasste zu einem Zeitpunkt 70 Songs! „Wir haben 50 Songs und – auch kleine – Ideen in Jamaika aufgenommen. Ich würde sagen, wir hatten 30 Songs." Sobald Harry anfing, seine Fähigkeiten als Songwriter zu erforschen, sprudelten plötzlich viele großartige Ideen aus ihm heraus. Ab da wurde das Songwriting zu einem kathartischen Prozess: „Das Schreiben war für mich eine echte Therapie. Mit einem Instrument in der Hand kann man auf eine andere Art verletzlich sein, als wenn man mit jemandem spricht,

selbst wenn man ihn sehr gut kennt. Ich empfand es als Therapie! Über manche Dinge hatte ich schon lange nicht mehr nachgedacht oder sie nicht richtig verarbeitet, weil alles so schnell gegangen ist. Wir hatten keine sechs Monate Zeit, um zu sehen, womit man arbeiten kann. Es war schwierig, wirklich in die Materie einzutauchen und herauszufinden, wer man als Songwriter ist, wenn man jedes Mal kaum die Oberfläche berührt. Zeit zu haben, einen Song zu leben, zu sehen, was du an ihm liebst, daran zu feilen, ihn zu verfeinern und sich darauf einzulassen … das ist himmlisch!"

70 Ideen in 10 brauchbare Songs zu verwandeln, die gut miteinander funktionieren, ist für jede Band eine schwierige Aufgabe, aber für Harry war es eine Herausforderung, das Rauschen dessen, was er bereits erlebt hatte, zu durchdringen, um die wahre Person dahinter zu entdecken. „Ich kannte meine eigene Stimme nicht, ich wusste nicht, was passieren würde", so Styles, „deshalb war es für mich sehr wichtig, dass die einzige Stimme wirklich meine eigene war. Ich spürte, wenn ich an einem Ort wäre, wo mir die Leute

„Ich sage euch nur so viel: Als er das erste Mal die Gitarre zückte, dachte ich: ‚Verdammt, er kann spielen!‘ Er hat Rhythmus. Er hat ein Gespür, einen Sound und Gefühl – er ist ein echter Musiker.“

JEFF BHASKER

sagen, was sie denken und hören wollen … dann wäre ich nur abgelenkt und frustriert.“ Wie sich herausstellte, war die Lösung, an einen Ort zu fliehen, an dem Harry noch nie zuvor gewesen war und wo ihn niemand kannte. „Ich ging nach Jamaika, weil ich keine Ablenkung haben wollte. In London oder L. A. oder so ziemlich überall, wo man Leute kennt, ist es schwierig, weil man zehn Stunden im Studio ist und dann irgendwann alle essen müssen und man dann nach Hause geht. Ich wollte einfach nur richtig eintauchen und mich in die Sache vertiefen. Der Prozess wurde zu einer fließenden Sache, die wir die ganze Zeit über machten, anstatt von neun bis fünf zu arbeiten. Ich wollte auch nicht von Leuten umgeben sein, die mir sagen würden, wie (die Musik) zu klingen hat.“

Jeff Bhasker, einer der Hauptverantwortlichen für die Produktion und das Schreiben des Albums, stimmte dem zu: „Es war ein 24/7-Musikfestival: Aufwachen, Sport treiben, den ganzen Tag ins Studio gehen, nach Hause kommen, zu Abend essen, zu Hause Songs schreiben, ein paar Ideen ausprobieren, vielleicht begeistert sein und um 2 Uhr nachts wieder ins Studio gehen – es war einfach ein ununterbrochener Fluss an kreativen Ideen, was großartig war. Es ist nie schlecht, sich zu konzentrieren, zu isolieren und sich ein wenig in der Sache zu verlieren.“

Der Songwriter Tom Hull (auch bekannt als Kid Harpoon), einer von Harrys engen Mitarbeitern an dem Projekt, unterstützte Harrys Immersionstherapie: „Das Unglaubliche an Harry ist, dass er der Motor des Ganzen ist. Ich glaube, das ist den Leuten noch nicht so richtig bewusst. Alles ist ganz nach seinem Geschmack. Er ist sehr

musikalisch; er spielt Gitarre, Klavier und schreibt Songs. Er liebt Musik. Ich glaube, das war das Schwierigste bei *One Direction* vorher. Man hatte einen Haufen Jungs, die alle einen unterschiedlichen Musikgeschmack und ihre eigenen Persönlichkeiten hatten. Es ist selbstverständlich, dass sie als Solokünstler alle etwas Verschiedenes gemacht haben."

Da Harry nun nicht mehr durch die Einschränkung, in der größten Band der Welt zu sein, belastet ist, kann er seine Wünsche nach Belieben ausleben. Er verbringt viel Zeit damit, „wirklich ausgefallenes" Musikequipment zu kaufen und seiner Band per SMS von neuer Musik zu berichten, die er entdeckt hat. „Er macht mich auf Musik aufmerksam, von der ich noch nie etwas gehört habe, etwa irgendwas von 1978", so Hull, „und er schreibt der Band ,Habt ihr dies oder das schon gehört?' Für jemanden, der so weit ist wie er, hat er sich seine Begeisterung bewahrt, und das ist eine Inspiration für alle anderen."

Harry Nilsson hat dem anderen Harry die Ohrwürmer für dieses Album in den Kopf gesetzt. „Ich habe während der Aufnahmen zum Album viel Harry Nilsson gehört. Seine Texte sind ehrlich und so gut! Das liegt vermutlich daran, dass er nie versucht, clever zu klingen." Immer wieder schwirrte das Wort „Ehrlichkeit" in Harrys Kopf herum, und es sollte die einzige Quelle werden, aus der er Inspirationen schöpfte. Wenn ein Text oder ein Lied nicht ehrlich war, wurde es nicht aufgenommen. Dazu musste Harry ehrlich zu sich selbst sein, und die anderen im Regieraum des Studios mussten ehrlich zu Harry sein.

Jeff Bhasker erklärte den Prozess: „Das ist 100 Prozent Harry. Es ist ganz und gar Harrys Album und die Musik, die er machen wollte. Und er hat sehr genau gesagt, welche Art von Ideen ihn antörnen. Er ist ziemlich präzise, wenn es darum geht, was er mag und was nicht, und so hatte das Album von Anfang an einen guten Start und ein gutes Ende. In der ersten Woche haben sie etwa 10 Songs aufgenommen, von denen die Hälfte auf dem Album gelandet ist. Sobald die Leute verstehen, was das ist und wer er ist, werden sie sehen, dass es sein eigenes Ding ist. Natürlich versuchen wir, den Rahmen einer Boyband zu sprengen, also dachte ich anfangs: ,Das Album muss super edgy sein', aber dann ging es darum, zu spüren, wann wir uns zurückziehen und echt sein müssen. Und das haben wir letztendlich gemacht. Ich glaube, ich habe ihn in vielerlei Hinsicht unter Druck gesetzt, aber dann wollte ich, dass er die volle Kontrolle hat und das singt, was wirklich in seinem Herzen ist." Diese Authentizität und die Tatsache, dass er aus dem Herzen singt, machen das Album zu einem so lohnenden Hörerlebnis – es ist der Sound eines aufstrebenden

Künstlers, der seinen Weg findet. Es ist nicht der Sound eines berühmten Boyband-Mitglieds, das altbekanntes Terrain wieder aufbereitet oder Musik nach Schema F macht. Harry gestand: „Dieses Album zu machen war eine der besten Zeiten, die ich je hatte. Aber es herauszubringen, macht mich viel verletzlicher, als ich es je zuvor war. Am Anfang hatte ich keine Anhaltspunkte für den eigentlichen Sound, ich wusste nur, dass ich ehrlich sein wollte.

Ich wollte nicht einfach nur dasitzen und Texte bearbeiten. In Zeiten, in denen man sich fragt: ,Oh, kann ich das sagen?', wollte ich sagen: ,Ja, das kann ich – denn das ist es, was ich geschrieben habe.'"

Links: Harrys schicker Anzug wird am 19. September 2017 im The Masonic in San Francisco, Kalifornien, von der Menge bejubelt.

Oben: Ein denkwürdiger Abend! Harry tritt am 21. Oktober 2017 im prestigeträchtigen Hollywood Bowl in L.A. für die Wohltätigkeitsshow *We Can Survive* 2017 von CBS RADIO auf.

Zwei Monate lang arbeiteten Harry und die Band an den Tracks, um seinen eigenen Sound und eine kohärente Tracklist zu entwickeln. Als er den Song *Sign of the Times* schrieb, machte es *klick!* Seine ehrliche Stimme war geboren. Er konnte seinen Sound in seinem Kopf hören: „Ich glaube, ich habe immer Teile von Songs alleine geschrieben, und normalerweise versuche ich dann, sie mit jemand anderem gemeinsam zu beenden. *Sign of the Times* war einer dieser Songs, die ich einfach so geschrieben habe. Im Grunde genommen hatten wir auf dem Album ein paar Rocksongs und ein paar akustische Balladen. Und ich schrieb *Sign of the Times* und hatte das Gefühl, dass es da diesen Mittelweg gibt, den ich erkunden wollte. Und ich glaube, das war der Song, der uns dazu brachte, ein wenig mehr zu experimentieren."

Alle im Gee Jam Hotel Recording Studio in Port Antonio, Jamaika, waren der Meinung, dass *Sign of the Times* der Startschuss war, der den Sound und die Identität des restlichen Albums prägte. „Das war irgendwie verrückt. Der Song ist übrigens in vier Stunden entstanden, vom Schreiben bis zum Aufnehmen. Das ist auch der Grund, warum er so lang ist, denn Harry hat gegen Ende einfach improvisiert. Wir haben ihn so aufgenommen, und das war irgendwie genial. Sobald wir ihn auf Band hatten, wussten wir, dass er ein Hit wird. Harrys Stimme klingt einfach großartig, und dann kommt die nächste Strophe, und schon hat man die Leute. In diesem Sinne ist der Song ein Hit, aber er war so lang, dass wir nicht sicher waren, ob er als Single durchgehen würde. Gott sei Dank sagte Rob Stringer, der Chef von Columbia Records: ‚Ich denke, ihr nehmt *Sign of the Times*.' Dann haben wir versucht, den Track so zu bearbeiten, dass er radiotauglich ist, und haben ihn ihm präsentiert, und er meinte: ‚Das ist cool, aber ich denke, wir sollten ihn in der kompletten Länge veröffentlichen.' Wir sind aus allen Wolken gefallen, dass der Chef des Labels sagt: ‚Yeah, lasst uns eine sechsminütige Single rausbringen!'"

Es ist keine Überraschung, dass Harrys Leadsingle aus dem Album und seine allererste Single als Solokünstler nicht nur seinen Wunsch widerspiegelt, ehrlich zu sich selbst zu sein, sondern auch seine Unzufriedenheit mit dem Zustand der Welt. Der Song ist eine Kombination aus Harrys Blick nach innen und nach außen: „*We gotta get away from here*" („Wir müssen weg von hier") drückt seine Des-

Links: Fans toben am 28. September 2017 in der Radio City Music Hall in New York.

Nächste Doppelseite: Ein kleinerer Veranstaltungsort, als er es gewohnt ist: Harry begeistert das Publikum am 28. September 2017 in der Radio City Music Hall in New York.

„Ich wollte wirklich ein Album machen, das ich gerne hören möchte. Nur so konnte ich sicher sein, dass ich es im Nachhinein nicht bereuen würde. Es ging mehr um die Frage: ‚Was möchte ich mir anhören?' als um ‚Wie kann ich im Vergleich zu dem, was gerade im Radio läuft, Eindruck machen?'"

Rechts: Jeden Abend ein neuer Anzug! Der Sänger am 22. September 2017 auf der Bühne des iHeartRadio Music Festivals in der T-Mobile Arena, Las Vegas, Nevada.

illusion aus. Aber der Song zeigt auch, dass er daran glaubt, dass das Leben besser sein kann, wenn wir miteinander reden und „uns öffnen". Harry sagte über den Song: „Wir befinden uns in einer schwierigen Zeit, und ich glaube, wir haben schon viele schwierige Zeiten erlebt. Aber in unserer heutigen Zeit passieren Dinge in der Welt, die man einfach nicht ignorieren kann. Es wäre seltsam gewesen, die Geschehnisse überhaupt nicht zur Kenntnis zu nehmen. *Sign of the Times* ist beispielsweise meine Sicht auf mehrere verschiedene Dinge, und ich kommentiere sie. Alles, worüber man gerade spricht – einfach den momentanen Zustand der Welt. Ich schaue mir das sehr genau an. Im Moment kann man einfach über Vieles unglaublich traurig sein. Manchmal ist es aber auch schön, sich daran zu erinnern, dass es zwar viel Schlimmes gibt, aber auch viele tolle Menschen, die tolle Dinge auf der Welt tun. Ich glaube, es wäre seltsam für mich gewesen, ein Album zu schreiben und nicht darauf hinzuweisen, dass es Schlimmes auf der Welt gibt. Und ich glaube, wir haben es aus der Position heraus geschrieben, in fünf Minuten sagen zu können: ‚Es wird alles gut werden.'"

Glücklicherweise erhielt Harrys Song die Zustimmung seines ehemaligen Mentors Simon Cowell. „Simon rief an, nachdem er eine Vorabkopie von *Sign of the Times* gehört hatte. Er sagte, dass er es wirklich mochte und sehr stolz auf mich war. Es war sehr nett ... nicht, dass frühere Anrufe nicht nett gewesen wären, aber ich hatte nicht dieses nervöse ‚Der Boss ruft an'-Gefühl, was schön war."

Mit *Sign of the Times* in der Tasche wuchs Harrys Selbstvertrauen und weitere Songs purzelten nur so aus ihm heraus. Einer von ihnen, der letzte Song des Albums, wird zu Harrys erstem Solo-Meisterwerk. Und natürlich ist es ein Song, der direkt aus der Tiefe von Harrys Seele kommt. „Mein Lieblingssong auf dem Album ist *From The Dining Table*. Er ist einfach persönlich und ich habe das Gefühl, dass ich so einen Song noch nie geschrieben habe." Die lyrische, kantige Qualität des Tracks verlangt, dass man aufmerksam zuhört. Das ist kein Boyband-Thema mehr: *Woke up alone in this hotel room / Played with myself, where were you? / Fell back to sleep, I got drunk by noon / I've never felt less cool.* (Ich bin allein in diesem Hotelzimmer aufgewacht / Habe mit mir selbst gespielt, wo warst du? / Bin wieder eingeschlafen, war mittags betrunken / Ich habe mich nie weniger cool gefühlt.)

Harry erklärte: „Ich würde sagen, es ist das Ehrlichste, das ich je gemacht habe. Ich habe noch nie einen Song wie diesen geschrieben und aufgenommen. Der Song entstand in einer Zeit, in der jede Bestrebung, mich zurückhalten zu müssen, weggefallen war. Ich mache nie etwas, während

ich ihn höre. Es ist ein Song, der mich dazu bringt, innezuhalten und zuzuhören, anstatt etwas zu tun und ihn im Hintergrund laufen zu lassen."

Harry hatte zwar während seiner Zeit bei *One Direction* einige Songs geschrieben, darunter *Olivia*, *Stockholm Syndrome* und *Happily*, aber erst als er die Band verließ, fand er die Zeit, sich hinzusetzen und wirklich an kompletten Songgeschichten zu arbeiten, nicht nur an Fragmenten. Er erinnerte sich: „Manchmal schreibt man Songs, bei denen man einfach die ganze Geschichte erzählen will. Mit *One Direction* waren wir die ganze Zeit auf Tour. Aber mit der Zeit habe ich mehr geschrieben, besonders bei den letzten beiden Alben."

Harry wollte sich Zeit für einen Song nehmen und herausfinden, warum ihm ein bestimmter Text in den Sinn gekommen war. Er wollte auch an seine eigenen Grenzen gehen und die Erwartungen seiner Fans und Kritiker an sein Debütalbum übertreffen. Es war eine nervenaufreibende, aber auch lehrreiche Erfahrung. „Ich habe mich noch nie so verletzlich gefühlt, wenn ich Musik herausge-

„Es ist absolut nicht komisch gemeint, aber mein Album ist mein Lieblingsalbum, und ich höre es im Moment ständig."

Rechts: Man in Black - Harry besucht am 19. Juli 2017 *Elvis Duran and the Morning Show* im Z100 Studio in New York City.

bracht habe, denn ich glaube nicht, dass ich schon einmal so viel von mir preisgegeben habe. Ganz einfach: Wenn man andere Menschen um sich herum hat, teilt man die guten Sachen – man teilt auch die schlechten Sachen, aber versteckt sich ein bisschen hinter den anderen. Deshalb ist es diesmal etwas beängstigend. Aber ich glaube, es war an der Zeit, Angst zu spüren. Und ich lerne immer noch sehr viel ... Aber ich habe die beste Zeit meines Lebens, während ich daran arbeite."

Die Auswahl der endgültigen 10 Songs aus 70 Liedern erwies sich als Harrys größte Herausforderung, die es ihm abverlangte, einen Schritt zurückzutreten und konstrukti-

ve Kritik anzunehmen – eine schwierige Aufgabe. „Wenn man einen persönlichen Song schreibt, ist es schwer, diesen an eine Band weiterzugeben. Es ist so viel einfacher, einem Instrument etwas zu sagen als einem Menschen. Die Jungs, mit denen ich gearbeitet habe, und ich haben das gemeinsam geschafft. Aber was die Auswahl der Songs und die Tracklist angeht, war es wohl an der Zeit, dass ich einige Entscheidungen selbst treffe und mich nicht mehr hinter anderen verstecke." Dennoch hat Harry eine Person um ihre Meinung zur endgültigen Tracklist des Albums gebeten. Er rief seinen alten Freund, Ed Sheeran, an. Seit den Anfängen von *One Direction* hat er ihn immer um seine ehrliche Meinung gebeten. „Ich habe Ed ein paar Songs vorgespielt, nachdem das Album fertig war", verriet er. „Er mochte einen Song, der nicht dabei war, also dachte ich kurz: ‚Oh nein!' Aber wenn man zu viele Leute fragt, kommt man von dem ab, was man eigentlich mag."

Als das Album fertig war und die Tracklist feststand, war das fertige Produkt perfekt. *Harry Styles* war bereit für die Welt. Harry war begeistert von dem Album, und andere Leute waren es auch. Auch Jeff Bhasker war mit seinem

---

Oben: SiriusXM-Fans bekommen am 17. Mai 2017 die komplette Styles-Show im Roxy Theatre, Kalifornien, zu sehen.

Rechts: Proben für seine *The One Show* in den BBC Studios, London, 12. Mai 2017.

Nächste Doppelseite: Jeff Bhasker, Harry und Regisseur Cameron Crowe begeistern das Publikum im L.A. GRAMMY Museum in Los Angeles am 15. September 2017.

Star zufrieden: „Ich bin so stolz auf das Album selbst und auch auf Harry, weil er so mutig ist und sich zu 100 Prozent einsetzt, weil er so verletzliche Texte schreibt und sich nicht dem anpasst, was die Leute von ihm erwarten. Die Leute haben keine Ahnung, dass Harry Styles so ist. So wie ich das auch nicht wusste. Er ist zwar sehr berühmt und beliebt, aber die Leute wissen nicht, was für eine erstaunliche Persönlichkeit und welch großartiger Künstler er ist."

Jeff blieb mit seiner positiven Reaktion nicht allein. Harry versammelte aufgeregt seine Familie um sich, damit sie sich das Album zum ersten Mal anhören konnte, und war gespannt auf ihr ehrliches Feedback. „Meine Mutter mochte es, was praktisch war", beteuerte er und fügte hinzu: „Ich habe es der Familie zum ersten Mal vorgespielt, und es gibt da einen Song auf dem Album, bei dem es eine Stelle mit einem Gesangseffekt gibt. Als das ganze Album zuende war, sagte mein Stiefvater: ‚Ich habe eine Frage, woher hast du die Ente, wie hast du eine Ente ins Studio bekommen?' Darauf ich: ‚Das war ich, danke.'"

Auch die Reaktionen der Kritiker auf das Album waren weitgehend positiv. Und die Reaktionen seiner Fans waren überwältigend positiv. Die Gewissheit, dass jeder Text und jede Akkordmodellierung seziert („Es ist erstaunlich, dass die Leute sich so sehr für dich interessieren, dass sie unbedingt herausfinden wollen, was alles bedeutet.") und analysiert werden würde, war Harry von Veröffentlichungen von *One Direction* schon gewohnt.

Doch nun, da er auf sich allein gestellt war, lastete die weltweite Reaktion auf das Album schwer auf ihm.

Als das Veröffentlichungsdatum im Mai näher rückte, war er natürlich etwas nervös: „Diese Platte zu machen, hat mich wirklich glücklich gemacht, und in gewisser Weise fühlt sich das auch wie eine Belohnung an. Ich hoffe, dass es den Leuten gefällt, denn ich bin wirklich stolz dar-

„

Ich trenne gerne mein Privatleben von der Arbeit. Das hilft mir, Distanz zu wahren. Es geht nicht darum, meine Karriere zu verlängern, indem ich versuche, eine ‚mysteriöse Figur‘ zu sein, denn das bin ich nicht. Wenn ich nach Hause komme, fühle ich mich wie derselbe Mensch, der ich auch in der Schule schon war. Man kann nicht erwarten, dass das so bleibt, wenn man alles von sich zeigt. Es gibt die Arbeit und das Persönliche, und zwischen beidem hin- und herzuwechseln ist mein Ding. Für mich ist das großartig.

"

auf. Da es mein erstes Album ist, wusste ich zu Beginn des Prozesses nicht, wie der Sound meines Soloalbums klingen würde. Während des Entstehungsprozesses sind viele verschiedene Dinge passiert, und das Album spiegelt das wider. Es beinhaltet eine Menge unterschiedlicher Dinge und ich wollte, dass jeder, der es hört, diesen Weg mit mir geht und mit mir lernt."

Die erste Hälfte des Jahres 2017 war beängstigend, aber auch prägend für den jungen Künstler. Immer noch versuchte er, seinen Weg zu finden, obwohl er bereits Millionen von Alben verkauft hatte. „Ich meine, ich habe das noch nie vorher gemacht. Ich weiß nicht, was zum Teufel ich hier tue. Ich bin froh, dass ich diese Band, diese Musiker gefunden habe, vor denen man sich verletzlich zeigen und offenbaren kann. Ich lerne immer noch … aber das ist meine Lieblingslektion. Wenn ich nur diese Musik machen kann, bin ich zufrieden. Auch wenn ich nie wieder den großen Coup landen sollte, bin ich glücklich und stolz darauf."

Bei der Veröffentlichung erzielte *Harry Styles* die beste erste Verkaufswoche für das Debütalbum eines männlichen britischen Künstlers seit 1991. Daher können sich die Millionen von Fans des Sängers darauf freuen, noch viele Jahre lang mehr Songs und von seinen wahren Gefühlen zu hören. Allerdings ist die sechsmonatige Pause, in der Harry den Schreib- und Aufnahmeprozess unterbrochen hat, um in der Rolle des jungen Gefreiten Alex in Christopher Nolans oscargekröntem Zweiter-Weltkriegs-Drama *Dunkirk* an der Nordküste Frankreichs nass zu werden, ebenfalls erwähnenswert. Als ob die Aufnahme seines ersten Soloalbums nicht schon Herausforderung genug gewesen wäre, spielte er nun auch noch zum ersten Mal in einem Hollywood-Blockbuster mit, was beweist, welch außergewöhnliches Talent in Harry steckt. Wie viele andere Künstler in seinem Alter jonglieren mit zwei großen Projekten gleichzeitig und schaffen es, das Ganze heil zu überstehen?

Lasst uns eins klarstellen: *Dunkirk* ist keine Low-Budget-Indie-Romantikkomödie über einen 20-jährigen Hipster, der sich in der Welt zurechtfinden muss, also kein Film, den man von einem Superstar wie Harry erwarten würde, der in der Filmindustrie Fuß fassen möchte. Harrys erster Film ist ein millionenschweres Epos, eine Saga, die in drei verschiedenen Zeitebenen von Christopher Nolan, einem der führenden Autorenfilmer Hollywoods, erzählt wird. Wie immer setzt sich Harry über die Konventionen hinweg – und sprengt alle Erwartungen.

Aber spulen wir zurück ins erste Quartal 2016. Damals hörte Harry, frisch von seinen Verpflichtungen bei *One Direction* entbunden, von einem Casting für den neuen Film

„An meinem ersten Drehtag war es so kalt, ich hatte Sand in den Augen, es war intensiv. Der Film ist wirklich anspruchsvoll."

von Nolan. Das musste er einfach versuchen. Harry meinte ziemlich lässig: „Ich habe vorgesprochen und die Rolle auch bekommen. Ich bin ein großer Fan von Chris Nolans Filmen, und ich denke, ich würde mir den Film auch unbedingt ansehen wollen, wenn ich nicht daran beteiligt wäre. Es war ziemlich beeindruckend, bei der Entstehung dabei zu sein. Er gibt einem nie das Gefühl, dass man es zu angestrengt versuchen muss. Er möchte, dass man die Dinge so zeigt, als würde man sie zum ersten Mal sagen und tun – denn das tut man ja auch."

Dunkirk ist die wahre Geschichte der Evakuierung der alliierten Streitkräfte aus der französischen Stadt Dünkirchen und ihrer Flucht vor der Nazi-Armee. Während der neuntägigen Belagerung der Stadt wurden fast 400 000 Soldaten von den Stränden Dünkirchens evakuiert, wobei auch viele Soldaten und Zivilisten ihr Leben verloren. Christopher Nolans Film ist die erschütternde Nacherzählung eines der dunkelsten Momente des Krieges, in dem es schon als Sieg angesehen werden konnte, einfach nur mit dem Leben davonzukommen.

Der Film zeigt uns drei Perspektiven – vom Land, vom Meer und vom Himmel aus.

Harry Styles wurde 2015 von Christopher Nolan für die Rolle des Alex, einem Gefreiten bei den Argyll and Sutherland Highlanders, einem Regiment der britischen Armee,

Rechts: Harry macht mit seinen Schauspielkollegen, der Produzentin Emma Nolan und dem Regisseur Christopher Nolan in Dünkirchen Werbung für den Film *Dunkirk*.

Die Dimensionen der Produktion waren über-wältigend. Ich denke, was auch immer man sich unter einer riesigen Filmkulisse vorstellt, das hier war selbst nach diesen Maßstäben sehr ambitioniert. Die Boote und Flugzeuge und die Menge an Leichen … das war ziemlich beeindruckend.

gecastet. Um die Rolle zu bekommen, schnitt Harry sein Markenzeichen, sein schulterlanges Haar, ab. Berichten zufolge bekam Harry die Rolle, nachdem er zusammen mit Hunderten von Bewerbern vorgesprochen hatte, und Nolan wusste nichts von Styles' Bekanntheitsgrad als Sänger, bevor er ihn besetzte. Harry bekam die Rolle also dank seines Talents, nicht wegen seiner Berühmtheit. In einem Interview zur Promotion des Films erklärte Nolan: „Mir war nicht wirklich bewusst, wie berühmt Harry war. Meine Tochter hatte von ihm gesprochen; meine Kinder haben über ihn gesprochen, aber ich war mir dessen nicht wirklich bewusst. Ehrlich gesagt habe ich Harry gecastet, weil er wunderbar in die Rolle passte und sich seinen Platz redlich verdient hat. Als ich Heath Ledger die Rolle des Jokers in *The Dark Knight* gegeben habe, hat das anfangs für viel Verwunderung und viele Kommentare gesorgt. Ich muss meinem Instinkt vertrauen, und Harry war perfekt für diese Rolle."

Mit dem Regisseur an Harrys Seite, der seine schauspielerischen Fähigkeiten seit den ersten Probeaufnahmen lobte, konnte sich der Sänger zu 100 Prozent auf die Rolle einlassen und sich so von den Einschränkungen, die ihm sein Leben als der Popstar Harry Styles auferlegt wurden, befreien. „Als Harry vorsprach, sah ich einen sehr charismatischen Typen, der eindeutig eine gewisse Aufrichtigkeit und Feinfühligkeit als Filmschauspieler hatte", so Nolan.

Die Dreharbeiten waren oft anspruchsvoll und schwierig und haben den millionenschweren Popstar völlig aus seiner Komfortzone geholt. „Der Film ist so anspruchsvoll. Einiges von dem, was sie in diesem Film machen, ist Wahnsinn. Und es war hart, Mann, körperlich wirklich hart, aber ich liebe die Schauspielerei. Ich liebe es, jemand anderen zu spielen. Ich habe nachts sehr gut geschlafen, bin dann aufgestanden und habe weiter einen Ertrinkenden gespielt." Harrys Figur Alex ist eine der Hauptrollen in den Szenen auf der Mole, einem der Landungsstege von Dünkirchen, die eine Woche lang von den Nazis, die zu diesem Zeitpunkt den größten Teil Frankreichs besetzt hatten, aus der Luft und vom Land aus angegriffen wurden. Der Film beinhaltet viele eindrucksvolle Szenen, die Heldentaten und Tapferkeit trotz überwältigender Schwierigkeiten zeigen, und Harrys Alex ist einer der Außenseiter, auf dessen Heimkehr das Publikum hofft.

Es gab Szenen, die Harry eine Gänsehaut über den Rücken jagten. Und das will etwas heißen, wenn man bedenkt, dass er schon vor Millionen von Menschen aufgetreten ist. „Es gab einen Drehtag, an dem wir in der Nähe eines der größeren Boote schwammen – ich glaube, das war der Tag, an dem die meisten irren Dinge passiert sind.

Ein Boot flog in die Luft, während man schwamm, überall gab es Schussgeräusche, Feuer, schreiende Menschen und schreiende Kameraleute … Es war eine Menge los. Es gab eine Phase, in der man sich fragte: ‚Filmen wir hier? Was ist gerade passiert?'"

Einer von Harrys Lieblingsmomenten ereignete sich an einem anderen Tag am Set, als der Regisseur sich über den „unerfahrenen Schauspieler, der eigentlich ein Popstar ist" lustig machte – ausgerechnet über einen Mann, von dem in seinem ganzen Leben mehr Nahaufnahmen gemacht worden sind als von vielen erfahrenen Schauspielern. Harry sagte: „Ich erinnere mich an den ersten Drehtag. Als wir eine Aufnahme beendet hatten, sagte er: ‚Glückwunsch zu deiner ersten Nahaufnahme!'"

Oben: Harry kommt am 13. Juli 2017 zur Weltpremiere von Dunkirk im Odeon am Leicester Square in London.

Harry hatte zwar nur wenig Text zu lernen – im gesamten Film werden nur ein paar hundert Worte gesprochen –, aber die Rolle war körperlich anstrengend und erforderte eine nuancierte Körpersprache. Die Angst in den Augen der Schauspieler musste echt sein, und die vermittelten Gefühle mussten echt sein.

Harry sagte dazu: „Chris erschafft eine Perspektive, in der man nicht so viel schauspielern muss. Er versucht, die natürlichen Reaktionen einzufangen. Ich glaube, so hart es am Set auch sein mochte, jeder war sich bewusst, dass dies im Vergleich zu dem, was die Leute tatsächlich durchgemacht hatten, ein Kinderspiel war. Wir konnten am Ende des Tages nach Hause gehen und duschen. Dadurch wird es natürlich viel leichter, damit umzugehen."

Die Dreharbeiten auf der Mole mit den anderen jungen Darstellern des Films, darunter Fionn Whitehead und Tom Glynn-Carney, ließen eine brüderliche Bindung zwischen ihnen entstehen und waren für den jungen Schauspieler eine positive und bereichernde Erfahrung. Harry meinte: „Ich bin glücklich, dass ich dabei sein konnte. Chris ist unglaublich clever, so wie er sich Dinge ausdenkt. Er recherchiert offensichtlich sehr viel, und ich denke, das ist auch der Grund, warum er nicht am laufenden Band Filme produziert. Das beruhigt auf jeden Fall – man weiß, wenn man etwas falsch macht, wird er es einem sagen."

Harrys bester Freund und *One-Direction*-Bandkollege Niall Horan hat ihn von Anfang an unterstützt. „Ich sag dir was, wenn Christopher Nolan dich nimmt, musst du ein guter Schauspieler sein", schwärmte er und fuhr fort: „Ich freue mich darauf, *Dunkirk* zu sehen, das wird ein unglaublicher Film. Aber wenn dann noch einer deiner Kumpels mitspielt, dann ist das noch besser. Ich glaube, Harry wird das gut machen. Ich kann mir vorstellen, dass er ziemlich nervös war, als er sich die Haare abgeschnitten hat. Zwei Jahre lang hat er sie wachsen lassen, also war er bestimmt nicht sehr glücklich darüber ... aber jetzt spielt er in einem Film mit!"

Seine Leistung wurde begeistert aufgenommen. Schauspielkollege Jack Lowden, der den Royal-Air-Force-Piloten Collins spielt, freute sich über das Leinwanddebüt seines Kollegen: „Es ist großartig, dass der Typ Erfolg hat, ich schätze, er ist ein moderner Beatle. Ich denke, er hat sich gut gemacht. Der Mann weiß, was er tut." Auch Chris No-

„Wir versuchen nicht, Harry in dem Film übermäßig zu betonen, gerade weil es ein Ensemble ist. Wir wollen nicht, dass Leute, die große Fans von ihm sind, enttäuscht sind, dass er nicht genug auftritt oder so.“

CHRISTOPHER NOLAN

lan zeigte sich erfreut darüber, wie gut Harry sich gemacht hat: „Was er macht, ist extrem subtil, weil es sehr echt ist. Es ist nicht übertrieben. Seine Leistung läuft fast Gefahr, übersehen zu werden, gerade wegen der Art und Weise, wie er sich verhält.“

Für Harry war es eine lohnende Erfahrung und eine angenehme Ablenkung von seiner täglichen Arbeit, aber zu diesem Zeitpunkt wollte er zunächst nicht direkt weiter schauspielern. „Ich habe das Gefühl, dass ich in vielerlei Hinsicht zu früh den Gipfel erreicht habe. Ich war danach ziemlich müde. Das war's dann wohl für mich, aber ich würde den Film auf jeden Fall noch einmal machen!“

Mit *Dunkirk*, einem von Kritikern gelobten und kommerziell erfolgreichen Film im Sommer, und seinem Debütalbum, das mühelos an die Spitze der Charts kletterte, war 2017 ein herausragendes Jahr für den Sänger. Dies war sein Solo-Moment im Rampenlicht, und er hatte nicht vor, eine Sekunde davon zu verschwenden. Es war

also keine Überraschung, dass Harry Styles während seines Höhenflugs in den Charts eine Reihe von Tourdaten ankündigte – seine erste Headline-Show überhaupt.

Die *Live On Tour*, die im September 2017 live und lautstark begann, war vielleicht nicht so groß und weitreichend wie die Tourneen, die er als Mitglied von *One Direction* absolviert hatte, oder seine anschließende *Love On Tour*, aber sie passten besser zu dem aufstrebenden Solokünstler, einem Solokünstler, der die Nähe zu seinen Fans sucht.

Es genügt zu sagen, dass die Tour in Sekundenschnelle ausverkauft war, was Harry dazu veranlasste, auf *Twitter* stolz zu strahlen: „Ich bin überwältigt, danke. Wenn ich euch auf dieser Tour nicht zu sehen bekomme, komme ich nächstes Jahr wieder, wenn ihr mich wollt. Love, H.“

Rechts: Auf der iHeartRadio-Album-Release-Party für *Harry Styles* am 8. Mai 2017 stellt der Sänger das komplette Album vor.

Die *Live On Tour* begann im Masonic Theatre in San Francisco (Kalifornien) und endete neun Monate später im legendären Forum in Los Angeles. Insgesamt absolvierte Harry 88 Konzerte in mehr als 25 Ländern in Südamerika, Europa, Nordamerika, Asien sowie Australien und Neuseeland. Es war ein himmelweiter Unterschied zu seinen Tourneen mit seiner früheren Band. „Bei den ersten Auftritten, die wir als *One Direction* hatten, fielen in einigen Nachtclubs Mädchen in Ohnmacht und wurden aus dem Publikum herausgezogen. Das war das Seltsamste, was wir je gesehen hatten. Ich dachte nicht, dass sich einer von uns an das Geschrei und diese Reaktion gewöhnen würde. Es ist einfach verrückt.“ Jetzt, da seine Fans an der Seite ihres Lieblingssängers erwachsen geworden waren, bezweifelte Harry, dass die Mädchen bei seinen Soloshows in Ohnmacht fallen würden, hoffte aber, dass sie weiter mitsingen würden: „Ehrlich gesagt ist es einfach meine erste Tour, es ist mein erstes Album und ich freue mich darauf, den Leuten diese Songs vorzuspielen. So sollte es sein, denke ich. Es wird bestimmt Spaß machen. Es ist immer schön, diese besondere Energie an diesen Veranstaltungsorten zu erleben, und ich freue mich darauf, an diesen Orten zu spielen – die Locations sind fantastisch. Das ist keine super bewusste Sache, aber ich wollte wirklich auf die Bühne und die neuen Songs für die Fans spielen, das wird cool werden.“

Harry und seine sechsköpfige Band hatten eine Auswahl von 70 Solosongs anzubieten, darunter die zehn Stücke des Debütalbums. Die Fans waren jedoch froh, dass Harry auch ein oder zwei *One-Direction*-Songs in die Setlist aufnahm, als die Tournee 2018 in die Stadien kam. Tom Hull berichtete: „Am Anfang war er definitiv skeptisch, was die Entscheidung anging, *What Makes You Beautiful* auf der Solotour zu spielen. Diese *One-Direction*-Songs sind brillant geschrieben, und wir haben uns darüber natürlich unterhalten. Bevoncé spielt Songs von *Destiny's Child*, also dachten wir uns: ‚Lasst uns ein paar der Songs spielen, die die Leute alle kennen und lieben.‘“ Harry war zwar bereit, den ersten und vielleicht größten Hit von *One Direction* zu spielen, aber anstatt einfach nur die ursprüngliche Version des Songs nachzuspielen, wollte er das Stück so adaptieren, dass es zum Rest des Sets passte, und ihm einen „Ray-Charles-Vibe“ und einen „Motown-Beat“ verpassen. „Wir haben alle so viel Respekt vor dem, was ihn berühmt gemacht hat“, erklärte Hull und fügte hinzu: „Das ist ein wichtiger Teil davon. Man darf seine Fans nicht unterschätzen.“

Weitere Songs, die es in die Live-Show schafften, waren *Story of my Life* und der Song *Just a Little Bit of your Heart*, den Harry 2014 für Ariana Grande geschrieben hat. Hull erklärte: „Bands werden erst auf Tournee zu echten Bands. Die Fans haben Tickets (für diese Tour) gekauft, bevor das Album überhaupt erschienen war, und die Band will (diese Songs) für sie spielen. Wir wollten auf der Tournee unser Können unter Beweis stellen und richtig gut sein. Nächstes Jahr kann er dann eine Stadion-Tour machen. Es ist ziemlich toll, Harrys Album spielen zu können und andere Songs in der Setlist zu haben, weil er so viel Musik mit und außerhalb von *One Direction* geschrieben hat. Wir präsentieren die Songs so, dass sie das Album reflektieren und wo er jetzt steht. Das fühlt sich für Harry ziemlich einzigartig an.“

Die Tour war in vollem Gange, er hatte ein Nummer-Eins-Soloalbum, schauspielerische Glaubwürdigkeit in einem Blockbuster-Film und enormen persönlichen Reichtum – das Leben von Harry Styles schön. Zu diesem Zeitpunkt gab es nur noch eine letzte Sache, die Harrys Leben komplett machen würde, und zwar etwas, das uns auf die erste Seite dieses Buches zurückführt – der Gedanke an Familie, das wichtigste Teil im Puzzle von Harrys Leben. Der Gedanke, dass Harry eine eigene Familie gründen könnte, taucht immer wieder auf und versetzt seine große weibliche Fangemeinde in helle Aufregung. Jetzt, wo Harry in das zweite Kapitel seines Lebens eingetreten ist, scheint der Kinderwunsch ganz oben auf seiner Prioritätenliste zu stehen. Er meinte dazu: „Ich wünsche mir schon Kinder – ich kann es eigentlich nicht erwarten. Aber natürlich nicht jetzt sofort. Ich freue mich darauf, irgendwann Kinder zu haben. Aber im Moment habe ich das Gefühl, dass man Erfahrungen mehr genießt, wenn man mit Menschen zusammen ist, mit denen man wirklich zusammen sein will und die einem wirklich wichtig sind.“ Wie wir wissen, hat Harry Styles' Solokarriere gerade erst richtig begonnen.

Links: Der erste Termin für seine erste Solo-Headline-Tour ist am 19. September 2017 im The Masonic in San Francisco, Kalifornien.

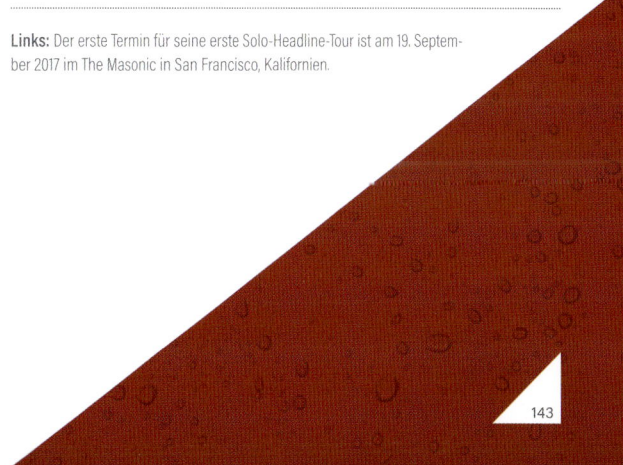

KAPITEL SIEBEN

A FINE LINE

A FINE LINE

DIE TOUR ZUM ALBUM HARRY STYLES BEGANN 2017 UND WAR BEI IHREM ENDE IM JULI 2018 MIT ZWEI AUSVERKAUFTEN ABENDEN IM FORUM IN INGLEWOOD, KALIFORNIEN, IMMER NOCH SEHR ERFOLGREICH. IM LAUFE DER TOURNEE HABEN HARRY UND SEINE BAND VOR FAST EINER MILLION FANS AUF DER GANZEN WELT GESPIELT UND SIND ÜBERALL BEGEISTERT UNTERSTÜTZT WORDEN. EIN SOLCHER ZEITPLAN HÄTTE EINIGE JUNGE KÜNSTLER ABGESCHRECKT, ABER HARRY WAR DARAN GEWÖHNT. NEBEN DER MUSIK ENTDECKTE STYLES SEIN INTERESSE FÜR MODE: ER WURDE MODEL FÜR DAS ITALIENISCHE DESIGNUNTERNEHMEN *GUCCI* UND MACHTE SCHLAGZEILEN MIT SEINEN IMMER FARBENFROHEREN KOSTÜMEN. WÄRE DIE CORONA-PANDEMIE NICHT AUSGEBROCHEN, MAN WEISS NICHT, WAS HARRY IN DIESER ZEIT NOCH ERREICHT HÄTTE. DIE ERZWUNGENE PAUSE SPORNTE IHN JEDOCH ZU KREATIVEN UNTERNEHMUNGEN IN VERSCHIEDENEN BEREICHEN AN – DIESE DAUERTE ABER ETWAS LÄNGER …

Harrys erste Solotournee begann fulminant und er erhielt bei den ARIA Music Awards 2017 im November den Preis als bester internationaler Künstler. Die Tour ging auch gut zu Ende, mit vielen Auszeichnungen und einer großen Anzahl zufriedener Fans auf der ganzen Welt, von San Francisco, wo die Tour begann, bis Inglewood, wo sie endete. Obwohl diese beiden Orte nur etwa 600 Kilometer voneinander entfernt sind, haben Harry und seine Crew Tausende von Kilometern zurückgelegt, um die Welt mit der Musik des neuen Albums zu unterhalten. An den 85 Terminen dazwischen führte die Tournee durch Europa, Südamerika, Ozeanien und Asien. Und wie die Studentenzeitung der Universität von Los Angeles (UCLA), der *Daily Bruin*, kommentierte, „hat der Sänger erfolgreich seine Tween-Traummann-Persönlichkeit abgelegt und sich als Musiker etabliert, der es wert ist, ernst genommen zu werden". Dies war ein entscheidender Schritt für Harry, was nicht nur sein Selbstvertrauen als Entertainer und Performer, sondern auch als Songschreiber und Star gestärkt hat. Die Setlist, die

zwischen 14 und 17 Songs umfasste, veränderte sich im Laufe der fünf Monate, in denen die Band auf Tour war (die Pause von Januar bis März 2018 nicht mitgerechnet). Meist wurden auch ein paar *One-Direction*-Songs gespielt, am beliebtesten waren *Stockholm Syndrome* und *What Makes You Beautiful*, daneben gab es noch einige Coverversionen. Als Zugabe spielte er regelmäßig *The Chain* von *Fleetwood Mac*. Styles hatte sich einige Jahre zuvor mit Stevie Nicks von *Fleetwood Mac* angefreundet, und Harry brachte der Sängerin sogar eine Torte zu ihrem Geburtstag mit (er hat früher als Bäcker gearbeitet, ihr erinnert euch …). Vor den *Live On Tour*-Konzerten teilte sich Harry 2017 die Bühne mit Nicks und sang mit ihr gemeinsam *Two Ghosts* und *Landslide*. Styles stellte sie mit den Worten vor: „Ich kann es noch gar nicht glauben, ich hätte nie gedacht, dass ich das irgendwann mal in meinem Leben sagen würde … Bitte begrüßen Sie

---

Links: Harry bei den ARIA Awards am 28. November 2017 in Sydney, Australien. Er wird mit dem Preis für den besten internationalen Künstler ausgezeichnet.

Stevie Nicks auf der Bühne." Dies geschah im legendären Troubadour Club – einer der größten Rockbühnen der Welt – und man kann verstehen, warum Harry so aufgeregt war. Nicks revanchierte sich im Januar 2018, als Harry mit *Fleetwood Mac* bei den MusiCares Person of the Year Awards *The Chain* performte. Harry stellte auch hier wieder die Band vor und erklärte: „Es gibt ein paar Dinge, von denen ich dachte, dass ich sie nie im Leben tun würde. Eines davon ist, die Bühne mit diesen Legenden zu teilen ... geschweige denn die Ehre zu haben, sie auf der Bühne vorzustellen." 2019 bezeichnete Nicks Harry in einem berühmten Interview mit dem Magazin *Rolling Stone* als „den Sohn, den ich nie hatte" und nannte ihn sogar das „Kind der Liebe" von ihr und Mick Fleetwood. Dass ein Rockstar wie Nicks mit an Bord ist, ist für die treuen Follower von Styles allerdings keine Überraschung. Als Nicks als Solokünstlerin in die Rock and Roll Hall of Fame aufgenommen wurde, war Styles der richtige Mann für den Job; sie sangen unter großem Beifall das Duett *Stop Draggin' My Heart Around,* das durch Stevie Nicks und Tom Petty berühmt geworden war. Zum krönenden Abschluss trat Nicks mit Styles 2019 im Forum auf.

Styles entwickelte seine Extravaganz und sein Auftreten in der Öffentlichkeit weiter: In einem Interview mit dem Schauspieler Timothée Chalamet, das Styles 2018 für das *ID Magazine* führte, sprachen die beiden unter anderem über Mode, Filme, Männlichkeit und Aussehen. Zu Letzterem sagte Harry: „Ich denke, wenn man die ganze Zeit in seiner Wohlfühlzone bleibt, wird es schnell langweilig." Er ließ seinen Worten Taten folgen und trug immer mehr farbenfrohe und die Gender-Grenzen ausreizende Outfits. Im Laufe desselben Jahres modelte Harry für das italienische Modehaus *Gucci*, wo er für eine Kampagne erneut seine Professionalität vor der Kamera unter Beweis stellte. Das tut er weiterhin regelmäßig und 2019 war er an der Ausstellung des New Yorker Metropolitan Museum of Art mit dem Titel *Camp: Notes on Fashion* beteiligt. Bei der dazugehörigen Met Gala erschien er in *Gucci*-Kleidung, zusammen mit den Mit-Gastgebern Lady Gaga, Serena Williams und Alessandro Michele.

Links: Harry auf der Met Gala 2019 in New York. Er ist in *Gucci* gekleidet und bereit für die bevorstehende Ausstellung *Camp: Notes on Fashion.*

Rechts: Harry spielt im Juni 2018 auf der Bühne des New Yorker Madison Square Garden seine berühmte „End Gun Violence"-Gitarre.

Nächste Doppelseite: Harry Styles und Stevie Nicks auf der Bühne bei der Aufnahme von Nicks als Solokünstlerin in die Rock and Roll Hall of Fame 2019.

In den Monaten nach dem Erfolg seiner ersten Solotournee widmete sich Harry jedoch vor allem wieder der Musik, und er arbeitete bereits an seinem zweiten Soloalbum *Fine Line*. Um dieses Album zu verstehen, müssen wir einen kurzen Blick in Harrys Privatleben werfen: Harry hatte bekanntlich eine Beziehung mit dem französisch-amerikanischen Model Camille Rowe, die etwa ein Jahr lang andauerte. Die Trennung ereignete sich ziemlich genau zum Ende seiner Tournee im Jahr 2018. Das Paar hatte sich ursprünglich durch eine gemeinsame Freundin und Modelkollegin, Alexa Chung, kennengelernt und es schien, als wäre es etwas Ernstes. Doch es sollte nicht sein und die Beziehung ging recht plötzlich in die Brüche. Camille (wie viele Frauen an Harrys Seite, älter als er), hat für verschiedene

große Namen gemodelt und einen großen Einfluss auf sein Songwriting gehabt. Im *Rolling Stone* verriet Harrys bester Freund Tom Hull, dass die Trennung des Paares „einen großen Effekt auf (Styles) hatte". Im selben Interview sprach Harry auch über den Zusammenhang zwischen seinem Privatleben und seinem Songwriting: „Die Musik ist für mich der einzige Ort, an dem ich diese Verbindung zulasse. Seltsamerweise ist es der einzige Ort, an dem es sich richtig anfühlt, das zuzulassen." Viele der Songs auf *Fine Line* wurden von dieser Beziehung inspiriert, was am deutlichsten in dem Song *Cherry* zu spüren ist, der am Ende ein Sample aus einer Sprachnachricht – angeblich von Rowe – enthält. Im August 2019, gegen Ende des Entstehungsprozesses des Albums, beschrieb Harry, dass es darum gehe, „Sex zu haben und traurig zu sein", was einmal mehr auf die persönliche Natur vieler Songs hinweist.

Hull, ein langjähriger Mitarbeiter von Styles, ermutigte ihn, seine Gefühle durch Musik zu verarbeiten. Abweichend von seinem üblichen cleanen Lebensstil berichtete

Styles auch, dass er sich einmal nach dem Konsum von Mushrooms auf die Zunge gebissen habe, und dass er mit Blut im Mund weitergesungen habe.

Der Aufnahmeprozess verlief jedoch reibungslos, und ein Großteil des Teams von seinem ersten Album war wieder beteiligt. Hull war diesmal stärker in die Produktion involviert, und auch Tyler Johnson produzierte und arbeitete mehr mit Harry zusammen als bei seinem ersten Soloalbum. Der musikalische Kern aus Johnson, Hull, Mitch Rowland und Jeff Bhasker war wieder dabei – eine Gruppe von Musikern, die einander sehr gut kannten. Es gab eine größere Anzahl weiterer Mitwirkender, wie Streicher, Sänger und andere Gäste.

Fine Line zeigt mehr Selbstreflexion, ist aber auch unterhaltsamer als das Debütalbum. Es hat einen sanfteren Vibe und ist inspiriert von Künstlern der 1960er-Jahre wie Van Morrison und Joni Mitchell. Styles zitiert sogar die legendären Alben *Astral Weeks* und *Blue* der beiden Künstler. Gegenüber Rob Sheffield vom *Rolling Stone* erzählte er, dass er von dem Sound der Zither (Dulcimer) auf Mitchells Album so besessen gewesen sei, dass er die Frau ausfindig gemacht

habe, die das auf dem Album verwendete Instrument gebaut hatte. Sie schenkte Harry daraufhin einen Dulcimer und gab den Musikern eine Unterrichtsstunde. Harry berichtete: „Wir jammten alle mit einem breiten Grinsen."

Fine Line wurde kurz vor Weihnachten 2019 veröffentlicht, obwohl die Singles *Lights Up* und *Adore You* schon vorher, im Oktober bzw. Dezember, erschienen waren.

Fine Line wird von den meisten als Pop-Platte bezeichnet und ist ein solides Werk, das bei Kritikern, Fans und Preisverleihern gleichermaßen gut ankam. Das Album war in den USA ein sofortiger Erfolg und erreichte dort in der ersten Woche die Spitze der Billboard 200. Damit war Harry Styles der erste männliche britische Künstler, der mit seinen ersten beiden Alben auf Platz Eins debütierte. Die Fans der ersten Stunde waren nicht im Geringsten überrascht – schon als Mitglied von *One Direction* war Harry gut darin gewesen, sich mit talentierten Leuten zu umgeben und sie zu inspirieren. Die einzige Frage war, ob Harry regel-

---

Oben: Harry bei der Grammy-Verleihung im März 2021. Er gewinnt den Preis für die beste Pop-Solo-Darbietung mit *Watermelon Sugar*.

mäßig mit eigenem Material würde aufwarten können; *Fine Line* beantwortete diese Frage ein für alle Mal überzeugend, denn Harry ist der Autor jedes einzelnen der 12 Songs auf dem Album. Sieben von ihnen wurden zu verschiedenen Zeiten als Singles veröffentlicht; ein weiterer Beweis für das Talent des jungen Mannes im Studio. In Großbritannien erreichte das Album zunächst Platz drei und schließlich Platz zwei, schaffte es aber nicht, Harrys Freundin Taylor Swift von der Spitze zu verdrängen.

In Harrys Heimat war das Album ein Dauerbrenner und erlangte Platinstatus. Weltweit war *Fine Line* ein großer Erfolg und erreichte in vielen Ländern die Spitze der Charts, darunter Argentinien, Australien, Mexiko und Kanada. Auch die Kritiker äußerten sich positiv: Der *Guardian* lobte die Reife seines Songwritings und meinte, „er lasse sich Zeit, um sich zu entfalten". *Pitchfork* war weniger schmeichelhaft, erkannte aber dennoch „Einblicke ... in die Art von intimer Verbindung, die Styles zu schmieden hofft". Auch der *Rolling Stone* gab 4 von 5 Sternen und nannte das Album „eine stromlinienförmige, partytaugliche, primärfarbige Interpretation durch einen ‚Rock 'n' Roll-Star'" und sagte bezeichnenderweise: „Wenn es eine nicht-toxische Männlichkeit gibt, könnte Harry Styles sie gefunden haben."

Dieses letzte Zitat, das sich im Zeitalter der #MeToo-Debatte auf einen ledigen, männlichen Musiker bezieht, ist als großes Kompliment zu verstehen. Neben der Filmindustrie hat auch die Musikindustrie noch einen weiten Weg vor sich, wenn es um Gleichberechtigung und faire Behandlung, insbesondere von Frauen, geht. Dass Styles auf diese positive Weise gewürdigt wird, ist mehr als nur eine Randbemerkung am Ende einer Musikkritik, es ist ein großes Lob für den jungen Mann, der sich schon immer für eine faire Behandlung stark gemacht hat. Schon 2012 hat sich Harry für Frauen und seine weiblichen Fans stark gemacht. Später, als Emma Watson ihre beeindruckende Rede über die Gleichberechtigung der Geschlechter hielt, war Harry einer der Prominenten, der seine Unterstützung schnell zum Ausdruck brachte. Außerdem sagte er 2019: „Ich glaube, in der Verletzlichkeit und dem Zulassen von Weiblichkeit liegt so viel Männlichkeit, und ich fühle mich sehr wohl dabei."

Fast genau einen Monat vor der Veröffentlichung des Albums kam die Ankündigung, dass es eine Tour dazu geben würde. *Love On Tour* sollte eine größere Sache werden als die Tournee zum Debütalbum *Harry Styles*. Diese war ein großer Erfolg gewesen, mit ausverkauften Hallen und begeisterten Kritiken im Überfluss. Doch dieses Mal waren die Voraussetzungen anders. Niemand machte sich Sorgen, ob Harry und die Band in der Lage sein würden, abzuliefern – und zwar im großen Stil. Für seine neuen musikalischen Vibes boten Stadien die ideale Größe – einschließlich mehrerer Konzerte im legendären Madison Square Garden von New York – wurden zahlreiche Stadien und andere große Veranstaltungsorte in der ganzen Welt gebucht.

Während eines Gesprächs über den Song *Lights Out* von *Fine Line* sprach Harry im Londoner Capital Radio über eine mögliche Tournee. Er sagte, dass sie vielleicht 2020 stattfinden würde („Ich will nächstes Jahr auf Tour gehen, vielleicht, ich weiß noch nicht, eventuell, vielleicht auch nicht – ich habe es noch nicht angekündigt"). Die Erwartungen waren also groß, und die offizielle Ankündigung enthielt 26 Termine in ganz Europa, dann eine dreiwöchige Pause, bevor es in Philadelphia (USA) weitergehen sollte. Harry war sogar Gastgeber von *Saturday Night Live* und trat dort auf, um die Tournee zu promoten. Die Zukunft sah so vielversprechend aus. Aber dann kam ... Covid.

Kaum war angekündigt worden, dass Harry Styles im Jahr 2020 im Rahmen seiner Tournee am jährlichen *Wango Tango*-Konzert in den USA teilnehmen würde, da wurde das Konzert auch schon wieder abgesagt; und nur wenige Monate nach der großen Ankündigung seiner Welttournee wurde die *Love On Tour 2020* auf 2021 verschoben. So versank die Welt in der Zwangspause, die durch die globale Coronavirus-Pandemie entstand.

Harry blieb fleißig (hätte er jemals eine Pause einlegen können?). Sein Spruch „Treat People With Kindness" („Behandle Menschen mit Freundlichkeit") wurde zu Wohltätigkeitszwecken wieder auf ein T-Shirt gedruckt (zuvor

TRACKLIST

Was ist dein Lieblingssong auf Fine Line?

Golden
Watermelon Sugar
Adore You
Lights Up
Cherry
Falling
To Be So Lonely
She
Sunflower, Vol. 6
Canyon Moon
Treat People With Kindness
Fine Line

> „Du öffnest eine Reihe von Türen in deinem Haus, von denen du nicht wusstest, dass sie existieren, du findest all diese Räume und kannst sie erkunden. "

verwendet auf zwei Shirts für die Pride-Bewegung), dieses Mal mit dem Slogan „STAY HOME. STAY SAFE. PROTECT EACH OTHER" („Bleibt zu Hause. Bleibt in Sicherheit. Schützt euch gegenseitig"). Der gesamte Erlös ging an wohltätige Organisationen.

Fast die ganze Welt ging in den Lockdown, auch Harry. Er erklärte gegenüber Fenn O'Meally im Radio 1Xtra: „Es ist etwas schwierig, aber es ist okay." Er fuhr fort: „Ich habe Glück, dass ich mit Freunden in unserer kleinen sicheren Selbstisolationsblase bin." Er fügte hinzu: „Jetzt ist die perfekte Zeit, um eine neue Fähigkeit zu erlernen oder ein neues Hobby auszuprobieren oder sowas, oder?" Er nahm die Pandemie ernst und sagte zu MTV: „Jeden Tag sterben Hunderte von Menschen." Eine Aussage machte seine Fans jedoch noch glücklicher als je zuvor: „Ich glaube, dass eine Menge starker Musik (aus dieser Pandemie) entstehen wird." Harrys glückliche Fans sollten herausfinden, dass dies schon sehr bald nach dem verheerenden Virus wahr werden würde ...

Harry ging so schnell wie möglich wieder auf Tour, und seine verschobenen Termine in den USA waren die ersten, die nachgeholt wurden. Die Konzertreihe begann am 4. September 2021 in Las Vegas vor 13 000 glücklichen Fans. Der ursprüngliche Zeitplan wurde aufgrund der Coronavirus-Bestimmungen durcheinandergebracht, aber letztendlich konnten alle Konzerte stattfinden, zumindest in den USA. Unter Corona-Einschränkungen aufzutreten, machte es für drei Monate nicht einfach. Aber die Band zog es durch, und die Fans kamen begierig und aufgeregt, weil sie endlich wieder in die Welt hinausgehen konnten. Ganz zu schweigen von ihrer Freude, mit Harry Styles und seiner talentierten Band von Live-Musikern in ein und demselben Raum sein zu können. Zurück in Großbritannien wurden Harrys Fähigkeiten als Songschreiber mit der Auszeichnung des prestigeträchtigen Ivor Novello Awards belohnt. Der 2021 PRS For Music Most Performed ging an den Song *Adore You* von *Fine Line*, der aus der Feder von Harry, Amy Allen, Taylor Johnson und Kid Harpoon (Harrys Kumpel Tom) stammt.

Die Auszeichnung war schon deshalb besonders erfreulich, da nur wenige Jahre zuvor die Britpop-Legende Noel Gallagher die Ivor Awards dafür gelobt hatte, „dass Clowns wie *One Direction* nicht eingeladen werden". Das war sicherlich ein Sieg für Harry und das Team, obwohl er mit ziemlicher Sicherheit keinen Gedanken daran verschwendet hat, was Noel Gallagher dazu gesagt haben mag.

Das war nicht die einzige Auszeichnung, die Harry 2021 für seinen Stil und seine Musik erhielt: *Watermelon Sugar* wurde bei den Grammys in der Kategorie Beste Pop-Solo-Performance ausgezeichnet, und Harry trat an diesem Abend vor Ort auf. Derselbe Song wurde bei den BRIT Awards 2021 zur britischen Single des Jahres gekürt, während *Golden* bei den MTV Millennial Awards weltweit zum Hit des Jahres ernannt wurde und *Treat People With Kindness* bei den MTV Video Music Awards den Preis für die beste Choreografie gewann. Harry gewann bei den 2021 Global Awards den Preis für den besten männlichen Musiker, womit ein weiteres spektakuläres Jahr für den jungen, hart arbeitenden Musiker abgerundet wurde. Er wurde für viele weitere Preise nominiert, die er wegen seines offensichtlichen Talents, seiner Hingabe und seines Tiefsinns auch verdient hatte. Ungeachtet aller Widrigkeiten war 2021 ein Jahr des Erfolgs für Harry, und obwohl die Pandemie seine Tourneen stark beeinträchtigte, ließ er sich nicht davon abhalten, die Menschen zusammenzubringen und seine Fans zu vereinen. Doch wie sollte es nach dem Abklingen der Pandemie mit Harry weitergehen? Liegt ihm die Welt immer noch zu Füßen? Wird er sich eine wohlverdiente Pause gönnen? Unternimmt er einen weiteren Ausflug in die Modebranche? Dreht er Filme? Wie sich herausstellen sollte, wahrscheinlich ein bisschen von allem ...

Vorherige Doppelseite: 31. Oktober 2021 (links) und 30. Oktober 2021 (rechts), Harry – mit einer Vielzahl bunter Kostüme – bei seiner „Harryween"-Party. Auch die Fans sollen sich verkleiden und mitmachen.

Rechts: Harry trifft Marvel: Eros, gespielt von Harry, wird 2021 den Millionen von Fans des Marvel-Universums vorgestellt.

EROS

MARVEL STUDIOS

ETERNALS

ONLY IN THEATERS NOW
IN ◼Dolby Cinema, REAL D 3D AND IMAX

KAPITEL ACHT

WILLKOMMEN IN HARRY'S HOUSE

WILLKOMMEN IN HARRY'S HOUSE

ANGESICHTS DER ERZWUNGENEN TOUR-PAUSE UND OHNE DIE MÖGLICHKEIT, ANDERE MUSIKER ZU TREFFEN, WAR ES KEINE ÜBERRASCHUNG, DASS HARRY STATTDESSEN HART DARAN ARBEITETE, SEINE BEREITS BEACHTLICHEN FÄHIGKEITEN ALS SONGWRITER ZU VERFEINERN. SEIN DRITTES SOLOALBUM, *HARRY'S HOUSE*, IST DAS ERGEBNIS SEINER ARBEIT IN DEN JAHREN 2020 UND 2021 – JAHRE, DIE ANDERS WAREN ALS SONST. ALLERDINGS HAT HARRY IN SO VIELEN BEREICHEN SO VIEL ERREICHT, DASS ES SCHWER ZU SAGEN IST, WIE EIN NORMALES JAHR AUF DEM PLANETEN HARRY AUSGESEHEN HÄTTE! DAS SONGWRITING UND DIE PERFORMANCE TREIBEN IHN JEDOCH MEHR AN ALS ALLES ANDERE, UND DAS NEUE JAHRZEHNT HAT GUT BEGONNEN. GEGEN ENDE DER PANDEMIE HATTE HARRY BEREITS EINE GROSSE TOURNEE HINTER SICH UND BEREITETE SICH AUF DIE NÄCHSTE VOR – VORAUSSICHTLICH DEN ZWEITEN TEIL DER 2020 VERSCHOBENEN *LOVE ON TOUR*. NEUE KONZERTE BIETEN DIE IDEALE GELEGENHEIT, SEINEN ALTEN UND NEUEN FANS NEUE MUSIK VORZUSTELLEN ...

Gegen Ende des Jahres 2021 nahm sich Harry Zeit, seine eigene Kosmetikmarke mit dem Namen *Pleasing* zu präsentieren, ein weiteres Projekt, das während der Pandemie ins Leben gerufen worden war und nun das Licht der Welt erblickte. Styles sagte: „Es war ein lustiges kleines Projekt, aber da es während der Pandemie entstand und als wir es schließlich *Pleasing* nannten, fühlte es sich an, als wäre es so viel mehr als nur Nagellack." Wie man es sich von jemandem, der so umsichtig und gewissenhaft ist wie Harry, denken kann, sind die Kosmetika alle tierversuchsfrei, vegan und aus Materialien hergestellt, die aus ethisch einwandfreien Quellen stammen. Dies ist ein weiteres Beispiel dafür, dass Styles in der Lage ist, sich in vielen verschiedenen Bereichen zu verwirklichen, und weil er gewissenhaft und sorgfältig ist, hat er in allem, was er anpackt, Erfolg.

Sobald es ihm möglich war, verfolgte Harry seine Schauspielkarriere weiter. Ein interessanter Schritt war die Rolle des Jack Chambers in dem amerikanischen Psychothriller *Don't Worry Darling* unter der Regie von Olivia Wilde. Der Film ist in den 1950er-Jahren angesiedelt. Offenbar gab es nicht nur auf der Leinwand, sondern auch in der Realität eine Romanze, denn Olivia und Harry, die sich am Set des Films kennengelernt haben, waren angeblich zusammen. Olivia setzt sich sehr für die Rechte der Frauen ein, sodass die beiden einige Gemeinsamkeiten haben. Der Altersunterschied von zehn Jahren ist etwas, an das sich Harrys Fans gewöhnt haben; es scheint, dass Harry reifer ist, als sein Alter vermuten lässt. Obwohl das Paar seine Beziehung am Set geheim hielt, war die Katze aus dem Sack, als sie zusammen auf einer Hochzeit fotografiert wurden. Die Beziehung entwickelte sich rasch. Wilde hat Styles schon vorher bewundert – sie „habe einen kleinen Siegestanz aufgeführt", als er offiziell für den Film unterschrieben hatte, sagte sie

dem Magazin *People*. Kurz darauf ging die Geschichte von Wildes offizieller Trennung vom Vater ihrer beiden Kinder durch die Medien. Ihr Partner war Jason Sudeikis, der vielen als Schöpfer und Hauptdarsteller der in London angesiedelten und mehrfach ausgezeichneten Fußball-Comedyserie *Ted Lasso* von Apple TV bekannt ist.

Als *Don't Worry Darling* abgedreht war, postete Wilde einen spannenden Beitrag auf Instagram, in dem sie Styles lobte: „Er gab nicht nur der brillanten @florencepugh (Florence Pugh) mit Freuden die Möglichkeit, sich als unsere ‚Alice' in den Mittelpunkt zu stellen, sondern er verlieh auch jeder Szene eine Prise Menschlichkeit." Und auch wenn *Twitter* enttäuscht darüber war, dass Harry nicht mehr Single war, schien das Paar wirklich glücklich und sehr verliebt zu sein.

Nach den Dreharbeiten zu *Don't Worry Darling* wurde Harry später im Jahr 2021 in Brighton, Großbritanniens beliebter Küstenstadt im Süden, am Set eines Dramas mit dem Titel *My Policeman* gesichtet, einer Verfilmung des Romans von Bethan Roberts, der in den 1950er-Jahren spielt – anscheinend hat Harry ein Gesicht und ein Auftreten, das gut in diese Epoche passt. Wie es sich für Harry gehört, ist er nicht einfach in irgendein x-beliebiges Projekt involviert, denn in *My Policeman* spielt er eine wichtige Rolle in einem Dreiecksverhältnis zwischen zwei Männern und einer Frau. Harry spielt einen Polizisten, der, obwohl er mit einer Lehrerin verheiratet ist, auch eine körperliche Beziehung mit einem Mann hat. Der von Amazon Studios produzierte Film entstand, nachdem Amazon sich die Filmrechte gegen starke Konkurrenz gesichert hatte. Ursprünglich sollte Lily James die Rolle von Harrys Ehefrau spielen, aber sie wurde durch Emma Corrin ersetzt, die für ihre Rolle der Lady Diana Spencer in dem Netflix-Drama *The Crown* bekannt ist.

Bereits im März 2022 kündigte Styles sein drittes Soloalbum mit dem Titel *Harry's House* an. Er enthüllte das Cover, einen Trailer und den Veröffentlichungstermin, der auf den 20. Mai 2022 festgelegt wurde.

Oben: Harry im Mai 2021 am Set von *My Policeman* in Brighton, England, zusammen mit Co-Star Emma Corrin.

Die Schauspielerei ist manchmal etwas gewöhnungs-
bedürftig; man muss viel Vertrauen haben … Seiner Regisseurin vertrauen zu können, ist
ein Geschenk; das war sehr
hilfreich. Es war für mich eine
wirklich schöne Erfahrung, an
diesem Film zu arbeiten.

HARRY ÜBER DIE DREHARBEITEN ZU *DON'T WORRY DARLING*

Joni Mitchell, einer der größten Einflüsse des Künstlers für sein letztes Album, zeigte sich über den Titel erfreut und teilte ihre Begeisterung auf *Twitter* mit. Aufmerksame Fans erinnerten sich, dass es auf Mitchells Album *The Hissing of Summer Lawns* von 1975 einen Track mit dem Titel *Harry's House/Centerpiece* gab.

Die erste Single aus *Harry's House, As It Was*, erschien einige Wochen später, am 1. April. Der perfekt ausbalancierte Popsong schoss sowohl in den USA als auch in Großbritannien direkt an die Spitze der Charts und war damit in beiden Ländern seine zweite Nummer-Eins-Single. Es gelang ihm sogar, den Spotify-Rekord für den innerhalb von 24 Stunden am häufigsten gestreamten Song eines männlichen Künstlers zu brechen, da er in diesem kurzen Zeitrahmen mehr als 16 Millionen Streams verzeichnen konnte. Der von Harry selbst geschriebene und von seinen langjährigen Mitarbeitern Tom Hull und Tyler Johnson produzierte Song *As It Was* landete weltweit in den Charts und war ein weiterer Beweis für Harrys Talent, alte und neue Fans zufriedenzustellen und musikalisch neue Freunde zu gewinnen – falls es überhaupt eines Beweises bedarf. Mit diesem Song entfernte er sich weiter von seinen eher rockigen Klängen, und zwar mit einem Pop-Beat im Stil der 1990er-Jahre.

Das dazugehörige Video – das am selben Tag veröffentlicht wurde – wurde an einigen Originalschauplätzen in London gedreht, darunter das Barbican Centre und das alte Pinguingehege des Londoner Zoos! Das farbenfrohe, schillernde Video entstand im Februar inmitten vieler Spekulationen über neue Musik von Harry. Regie führte die ukrainische Filmemacherin Tanu Muino, die bereits für Yungblud, Post Malone und Lizzo gedreht hatte und die mit Lil Nas X für *Montero (Call Me By Your Name)* den MTV Video Music Award für die beste Regie gewonnen hatte. Das Video wurde ebenso gut aufgenommen wie der Song und erhielt viel Lob. Die Zeitschrift *Glamour* schrieb: „Die Talente von Styles enttäuschen nicht." Viel Aufmerksamkeit erregte allerdings die Reaktion der ukrainischen Regisseurin auf die Invasion ihres Heimatlandes durch Russland, die während der Dreharbeiten zu *As It Was* stattfand. Als Vollblutprofi brachte sie dennoch die Dreharbeiten zu Ende.

Auf die Frage nach dem neuen Album und seiner Entstehung während des Corona-Lockdowns sagte Styles der Journalistin Lou Stoppard:

Oben: Ein sehr farbenfroher Harry Styles nimmt seinen Preis für *Watermelon Sugar* als beste britische Single bei den BRIT Awards 2021 entgegen.

„Ich denke, jeder hat einen wichtigen Moment der Selbstreflexion durchlebt, und ich weiß nicht, ob es etwas gibt, das eine größere Selbsterkenntnis ist, als ein Album zu machen." Damit nährte er das Gerücht, dass *Harry's House* noch introspektiver sein würde als seine beiden vorherigen Soloalben. Styles behauptete, er sei mit dem Album zufrieden, so wie es ist. „Es fühlt sich nicht so an, als wäre mein Leben vorbei, wenn dieses Album kein kommerzieller Erfolg wird", sagte er und deutete damit an, dass er bei der Veröffentlichung von *Harry's House* weniger Druck verspürte als bei seinen letzten beiden Soloalben.

Der Track *Boyfriends* stammt aus den *Fine Line*-Sessions und wurde ursprünglich 2019 geschrieben. *Harry's House* ist jedoch eigentlich eine Abkehr von diesem Sound und in sich ein ganz neues Album. *Late Night Talking* war die zweite Single-Auskopplung aus dem Album, die Ende Mai veröffentlicht wurde und großen Anklang fand. Auch diesmal stammen alle Tracks – 13 an der Zahl – aus Harrys eigener Feder, wobei seine üblichen Kollaborateure ebenfalls mit von der Partie sind. Amy Allen, mit der sich Harry 2021 den Ivor-Novello-Preis für *Adore You* teilte, war Co-Autorin bei dem tränenreichen Song *Matilda*.

Positive Kritiken begleiteten die Veröffentlichung: Der *Guardian* nannte es „ein reifes drittes Album, auf dem sich jeder Song wie eine Single anfühlt", und selbst *Pitchfork* musste zugeben, dass „das Album das leichte Charisma ausstrahlt, das Styles von seinen früheren *One-Direction*-Kollegen unterscheiden hat und ihn zu einem der überzeugendsten Live-Acts der Popmusik macht". Der *Rolling Stone* erwähnte ihn in einem Atemzug mit Steely Dan, Al Green und Yo La Tengo, was sicherlich ein Beweis dafür ist, dass Harry sich mittlerweile als ernstzunehmender Künstler etabliert hat. „Dies ist ein Album wie eine Sommerbrise aus Santa Ana", so das Fazit der Rezension. Der *NME* würdigte den introspektiven Aspekt des Albums und erklärte, es sei eine „Auseinandersetzung mit seiner Definition von Heimat". Harry selbst kam in einem Interview mit Leila Fadel von NPR in der Sendung *Morning Edition* auf den introspektiven Charakter des Albums zurück und sprach auch über seine Wertschätzung für andere: „Es ist zwar ein sehr persön-

„Coachella, ich danke jedem Einzelnen von euch so sehr. Im Leben geht es um Momente, und das ist einer, den ich nicht vergessen werde."

TRACKLIST
Harry's House

Music For A Sushi Restaurant
Late Night Talking
Grapejuice
As It Was
Daylight
Little Freak
Matilda
Cinema
Daydreaming
Keep Driving
Satellite
Boyfriends
Love of My Life

liches Album und handelt von meiner eigenen Reise auf der Suche nach einer Heimat, aber es ist auch meinen Freunden gewidmet. Aber er deutete ebenfalls an, dass er noch viel vor sich habe, sowohl was seine persönliche Entwicklung als auch seine Musik angehe, da er immer noch dabei sei, einige der größeren Fragen des Lebens zu klären: „Ich denke, wenn ich an einen Punkt komme, an dem ich das Gefühl habe: ‚Ich liebe, was ich tue, aber es ist nicht unbedingt das, was ich bin‘, fühlt es sich einfach viel gesünder an, von diesem Punkt aus zu arbeiten und Musik zu machen."

Vorherige Seite: Harry amüsiert sich beim *Coachella Festival* 2022 in Indio, Kalifornien, im April 2022. Er ist der Hauptact.

Oben: Harry Styles zusammen mit seiner Filmpartnerin Florence Pugh im betörenden Psychothriller *Don't Worry Darling*.

Links: Harry in einem höchst originellen Outfit bei einem Auftritt im Rahmen der Sommerkonzertreihe der Fernsehshow *Today* in New York City im Mai 2022.

Nächste Doppelseite links: Harry Styles gewinnt bei den 65. Grammy Awards gleich zwei Preise für das Album des Jahres für und das beste Pop-Gesangsalbum für *Harry's House*, Los Angeles, 5. Februar 2023.

Nächste Doppelseite rechts: Harry Styles spricht nach der Auszeichnung als Künstler des Jahres bei den Brit Awards in der O2-Arena in London am 11. Februar 2023.

An dem Album sind dieselben Musiker und Produzenten wie bei *Fine Line* beteiligt, wobei Tom Hull (als Kid Harpoon), Tyler Johnson und Mitch Rowland neben Harry die zentralen Rollen spielen. Und wie bei einem Harry-Styles-Album mittlerweile üblich, gibt es auch eine Gruppe talentierter Musiker, die hier und da bei verschiedenen Tracks mitwirken. Der legendäre Singer-Songwriter und Grammy-Preisträger Ben Harper taucht sogar als Slide-Gitarrist bei *Boyfriends* auf.

Die Marketing- und Werbemaßnahmen rund um die Veröffentlichung des Albums explodierten förmlich, und in Los Angeles, New York und London wurden Pop-up-Shops eröffnet. Es gab Kleidung, Musik, Poster, Wasserflaschen mit dem Motto „Treat People With Kindness" und vieles mehr zu kaufen. Es gab alles, was sich ein Harry-Styles-Fan wünschen konnte, außer vielleicht ein persönliches Treffen … Aber für einige glückliche Fans sogar das, da Eintrittskarten für ausverkaufte Konzerte an einige wenige Glückspilze verschenkt wurden. Es wurden Konzerte in der Londoner Brixton Academy und der New Yorker UBS Arena angeboten, bei denen Harry Styles alles gab. Unter dem Namen *Harry Styles: One Night Only* wurde live das Album *Harry's House* vorgestellt.

Dass Harry gerne auftritt, zeigte sich im April 2022, als

„Das Publikum ist emotional so großzügig, sie wollen einfach, dass ich Spaß habe, und das spüre ich. Konzerte zu geben, ist meine liebste Beschäftigung auf der ganzen Welt."

er beim Coachella Festival Headliner war und drei Titel aus dem neuen Album zum Besten gab: *As It Was*, *Boyfriends* und *Late Night Talking* – die beiden Letzteren waren zum Zeitpunkt des Konzerts noch unveröffentlicht.

Harry hat sich sogar mit seinem Freund James Corden, dem Moderator der äußerst beliebten und einflussreichen *Late Late Show* in den USA, zusammengetan, um ein Video zu einem dritten Track des Albums, dem Song *Daylight*, zu drehen. Das Video wurde von den beiden während eines Besuchs in der Wohnung eines Fans gedreht, mit geliehenen Requisiten, behelfsmäßigem Drehort und Kostümen von sonstwo – ganz anders als Harrys übliche High-Budget-Videos. *Harry's House* stürmte weltweit auf Platz Eins und erreichte in Großbritannien und den USA auf Anhieb die Spitzenposition. In den USA übertraf das Album die Verkaufszahlen von *Fine Line*, wodurch es zu Harrys bis dato erfolgreichstem Soloalbum wurde. Bemerkenswert in den USA war auch, dass vier Titel des Albums gleichzeitig die Top 10 der *Billboard* Hot 100 erreichten: *Late Night Talking*, *Music For A Sushi Restaurant*, *Matilda* und *As It Was*. Harry war der erste britische Solokünstler, dem dieses Kunststück gelang. Nur die Beatles schafften dies als Band im Jahr 1964.

Die Tatsache, dass Harrys Tournee in Kürze beginnen würde, führte bei all der Publicity, dem Marketing und

dem Rummel um das Album zu viel Aufregung in den sozialen Medien, da die begeisterten Fans mehr als bereit waren, den Sänger zu unterstützen und ihn auf seiner epischen Welttournee anzufeuern. Der europäische Teil der *Love On Tour* begann offiziell am 11. Juni in Schottland im Ibrox-Stadion in Glasgow, bevor Harry und seine Band für vier spektakuläre Nächte in Englands Hauptstadt zum Londoner Wembley-Stadion spielten.

Ein Stadionpublikum zu unterhalten ist für Harry kein Problem – er macht das jetzt schon fast sein halbes Leben lang – und sein Talent für Kommunikation und sein Gespür für Performance sorgen dafür, dass jedes Konzert für seine Fangemeinde unvergesslich wird. In einem intimen Interview mit Zane Lowe im Jahr 2022 sagte er: „Das Publikum ist emotional so großzügig, sie wollen einfach, dass ich Spaß habe, und das spüre ich. Konzerte zu geben, ist meine liebste Beschäftigung auf der ganzen Welt." Hoffentlich hört er nie damit auf. Nach den ausverkauften Stadien auf der ganzen Welt zu urteilen, ist das wohl auch unwahrscheinlich!

Rechts: Das *Big Weekend Festival* von BBC Radio 1 findet an zwei Tagen statt. 2022 ist Harry Styles der Headliner am Sonntag.

FOTOS

Wir bedanken uns herzlich bei den nachfolgenden Quellen für die freundliche Genehmigung der Bildrechte zur Verwendung der Fotos in diesem Buch.

U1 Picture Alliance/Photoshot, 4. Kevin Winter/Getty Images, 6. Jo Davidson/SHM/REX/Shutterstock, 7. Jon Furniss/WireImage/Getty Images, 10. Mike Marsland/WireImage/Getty Images, 11. David M. Benett/Dave Benett/Getty Images für Dazed, 12. Paul Lewis/REX/Shutterstock, 13. (links) Richard Young/REX/Shutterstock, (rechts) McPix Ltd/REX/Shutterstock, 14–15. McPix Ltd/REX/Shutterstock, 16. Beretta/Sims/REX/Shutterstock, 17. Beretta/Sims/REX/Shutterstock, 18. Rob Cable/REX/Shutterstock, 19. Dave Hogan/Getty Images, 20–21. REX/Shutterstock, 23. Beretta/Sims/REX/Shutterstock, 24–25. Jonathan Short/AP/REX/Shutterstock, 25 (unten). Mike Marsland/Getty Images, 27. Mat Hayward/Getty Images, 28. Kevin Mazur/Fox/WireImage/Getty Images, 29. David Krieger/Bauer-Griffin/GC Images, 30–31. Kevin Winter/Getty Images, 32. David M. Benett/Getty Images, 33. (links) Steve Granitz/WireImage/Getty Images, 33. (rechts) David M. Benett/Getty Images, 34–35. Richard Young/REX/Shutterstock, 36. Dave J Hogan/Getty Images, 37. Kim Raff/Getty Images für Sundance Film Festival, 38–39. David M. Benett/Dave Benett/Getty Images für Love Magazine & miu miu, 40–41. Yui Mok – WPA Pool/Getty Images, 42. David Fisher/REX/Shutterstock, 44–45. Jeff Kravitz/FilmMagic/Getty Images, 46–47. Matt Baron/BEI/REX/Shutterstock, 49. Kristina Bumphrey/StarPix/REX/Shutterstock, 50–51. PictureGroup/REX/Shutterstock, 52. Scott Barbour/Getty Images, 54–55. Kevin Mazur/WireImage/Getty Images, 56. Kevin Kane/Getty Images für Jingle Ball 2012, 57. Don Arnold/WireImage/Getty Images, 58–60. Dave J Hogan/Getty Images, 61. Ian Gavan/Getty Images für Sony Pictures, 62. Richard Young/REX/Shutterstock, 63. Kevin Winter/Getty Images, 64–65. IBL/REX/Shutterstock, 66. Willi Schneider/REX/Shutterstock, 68–69. Ryan Pierse/Getty Images, 70–71. IBL/REX/Shutterstock, 72. Steve Granitz/WireImage/Getty Images, 73. Most Wanted/REX/Shutterstock, 74–75. Joseph Okpako/FilmMagic/Getty Images, 76–77. Kevin Winter/Getty Images für iHeartMedia, 78–79. David Fisher/REX/Shutterstock, 80. Steve Jennings/WireImage/Getty Images, 81. Dave J Hogan/Dave J Hogan/Getty Images, 82. Eamonn M. McCormack/Getty Images, 83. Justin Tallis/AFP/Getty Images, 84. Daniel DeSlover/REX/Shutterstock, 85. Getty Images, 86–87. David Fisher/REX/Shutterstock, 89. Mark Davis/DCNYRE2016/Getty Images für dep, 90. Jason Merritt/Getty Images, 92 (links). Mark Davis/DCNYRE2016/Getty Images für dep, 92 (rechts). François Lo Presti/AFP/Getty Images, 93. Neil Mockford/GC Images, 94–95. Jason Merritt/Getty Images für iHeartMedia, 96. Martin Karius/REX/Shutterstock, 97. Emma McIntyre/Getty Images für SiriusXM, 98–99. REX/Shutterstock, 100. Karwai Tang/WireImage/Getty Images, 101. SMXRF/Star Max/GC Images/Getty Images, 102–103. Jeff Kravitz/FilmMagic für Sony Music/Getty Images, 104. Dave J Hogan/Dave J Hogan/Getty Images, 106–107. Eamonn M. McCormack – WPA Pool/Getty Images, 108–109. Dimitrios Kambouris/Getty Images für iHeart Media, 110. François Lo Presti/AFP/Getty Images, 112–113. John Lamparski/WireImage/Getty Images, 114–115. Rich Fury/Getty Images für iHeartMedia, 116. Steve Jennings/Getty Images für Sony Music, 118. Steve Jennings/Getty Images für Sony Music, 119. Kevin Winter/Getty Images für CBS RADIO, 120–121. Kevin Mazur/Getty Images für Sony Music, 122–123. Kevin Mazur/Getty Images für Sony Music, 124–125. Rich Fury/Getty Images für iHeartMedia, 127. Gary Gershoff/Getty Images, 128. Emma McIntyre/Getty Images für SiriusXM, 129. Ian Lawrence/GC Images, 130–131. Timothy Norris/WireImage für The Recording Academy, 132. Kevin Winter/Getty Images für CBS RADIO, 135. Laurent Viteur/WireImage/Getty Images, 137. Samir Hussein/WireImage/Getty Images, 138–139. Warner Bros/Kobal/REX/Shutterstock, 141. Dimitrios Kambouris/Getty Images für iHeart Media, 142. Steve Jennings/Getty Images für Sony Music, 145. JM Enternational/Shutterstock, 146. Don Arnold/WireImage, 148. Richard Young/Shutterstock, 149. Kevin Mazur/Getty Images für Harry Styles, 150–151. Stephen Lovekin/Shutterstock, 152. David Fisher/Shutterstock, 153. Barry King/Alamy Stock Photo, 154. Kevin Winter/Getty Images für The Recording Academy, 156. Kevin Mazur/Getty Images für Harry Styles, 157. Theo Wargo/Getty Images für Harry Styles, 159. © Walt Disney Studios Motion Pictures / © Marvel Studios / Mit freundlicher Genehmigung der Everett Collection, 161. Ron Smits/London Entertainment/Shutterstock, 162. Kevin Mazur/Getty Images für Spotify, 164. Simon Dack/Alamy Live News, 166. PA Images/Alamy Stock Photo, 167. Niyi Fote/TheNEWS2 über ZUMA Press Wire/Shutterstock, 169. Kevin Mazur/Getty Images für Harry Styles, 170. MediaPunch/Shutterstock, 171. ASSOCIATED PRESS | Uncredited/ Picture Alliance, 172. Jae C. Hong/Invision/AP/Picture Alliance, 173. REUTERS | Henry Nicholls/Picture Alliance.